두 번째 챕터

두 번째 챕터

초판 1쇄 2025년 12월 19일

지은이 홍재희, 홍경신, 박상권, 송미라, 원민

펴낸이 원하나
디자인 정미영
출력·인쇄 금강인쇄(주)

펴낸 곳 도서출판 호박
출판등록 2011년 11월 10일 제251-2011-68호
주소 경기도 남양주시 다산중앙로145번길 15, 신해센트럴타워 II 802-76호
전화 070-7801-0317 팩스 02-6499-3873
전자우편 hobakbook@naver.com
인스타그램 @hobakbooks

ISBN 979-11-85987-15-6 03810

인생의 다음 장을 여는 용기

두 번째 챕터

들어가는 글

이 책은 학생들의 이야기에서 시작되었습니다. 그들의 삶을 조용히 들여다보면 누구나 품고 있을 법한 두려움과 희망, 그리고 다시 배우고 싶다는 간절함이 있었습니다. 책 쓰기 프로젝트는 그 마음 한가운데서 태어난 작은 불씨였습니다. 처음 "우리, 책을 써 봅시다." 라고 제안했을 때 학생들은 서로의 얼굴을 바라보며 망설였습니다.

"제가 정말 쓸 수 있을까요?"

"저는 글을 잘 못 씁니다…."

이 말들 속에는 자신의 삶을 써 보거나 기록해 본 적 없는 사람들이 가진 불안이 담겨 있었습니다. 하지만 그 불안 뒤에는 '한번 해 보고 싶다'는 작은 용기가 숨어 있었습니다. 이 책은 바로 그 마음에 응답한 결과물입니다. 학생들은 각자의 자리에서 오래도록 누군가에게 들려주지 못했던 이야기를 써 내려가기 시작했습니다. 입학 이전의 삶, 다시 공부를 시작하며 겪었던 혼란, 일터에서 마주한 실패와 후회, 그리고 대학이라는 공간이 다시 켜 준 작은 빛들. 그 문장들 속에는 일상과 잊고 지냈던 감정들이 고스란히 드러났습니다.

평소에는 쉽게 말하지 못했던 것들이 글이라는 형식을 통해 모습을 드러내기 시작한 것입니다. 여름방학 동안 진행된 글쓰기 챌린지는 이 책의 중요한 전환점이었습니다. 우리는 매주 만나 서로의 글을 읽고 피드백을 나누며, 한 사람의 삶을 다른 사람이 진심으로 들어 주는 경험을 반복했습니다. 그 자리에서 학생들은 글이 자신을 다시 배우는 과정임을 깨닫기도 했습니다. 누군가의 문장에서 자신을 발견하기도 했고, 다른 학생의 이야기에서 용기를 얻기도 했습니다.

이 책은 그렇게 '혼자 쓰는 글'이 '함께 배우는 글'이 되는 순간들로 채워졌습니다. 학생들이 한 문장씩 쌓아 올린 글들은 어느새 하나의 이야기로 이어졌습니다. 그 과정에서 그들은 자신이 걸어온 길을 돌아보고, 앞으로 나아가고 싶은 방향을 정리했습니다. 글을 쓰며 흔들리던 마음이 정리되었고, 정리된 문장이 다시 그들을 일으켜 세워 주었습니다. 학생들이 말한 것처럼, '쓰는 일은 스스로에게 돌아가는 시간'이었습니다. 문장을 다듬고 흐름을 조정하면서 학생들은 자신의 이야기를 더욱 깊이 이해하게 되었습니다.

이러한 과정은 단순한 글쓰기가 아니라 자신의 삶을 다시 해석하는 작업처럼 보였습니다. 모두가 자기 이야기를 꺼내는 일에 용기를 냈고, 서로의 글을 읽으며 성장했고, 그 시간들이 한 권의 책으로 묶였습니다. 저는 그 과정을 지켜보며 배움이란 결국 함께 성장하는 일임을 다시 한번 확인했습니다. 이 책에 실린 문장들은 분명 학생들의 것이지만, 그 문장을 읽어 낸 제가 함께 도달한 순간들도 곳곳에 담겨 있습니다. 어떤 문장은 학생들의 고민에서 시작되었고, 어떤 문장은 그들이 던진 질문에서 비롯되었으며, 어떤 문장은 우리가 함께 만난 작은 깨달음의 흔적입니다.

그래서 이 책은 완성된 결론을 향한 책이 아닙니다. 오히려 함께 길을 찾아 나가는 과정 자체를 기록한 책입니다. 이 책이 앞으로 더 많은 학생에게 '나의 삶도 이야기로 남길 수 있다'는 조용한 용기가 되기를 바랍니다. 그리고 글을 쓰는 일이 자신을 이해하고 세상과 연결되는 또 하나의 배움이 되기를 바랍니다.

2025년 12월
원민

차례

박상권

실패는 나를 단련시킨 훌륭한 스승

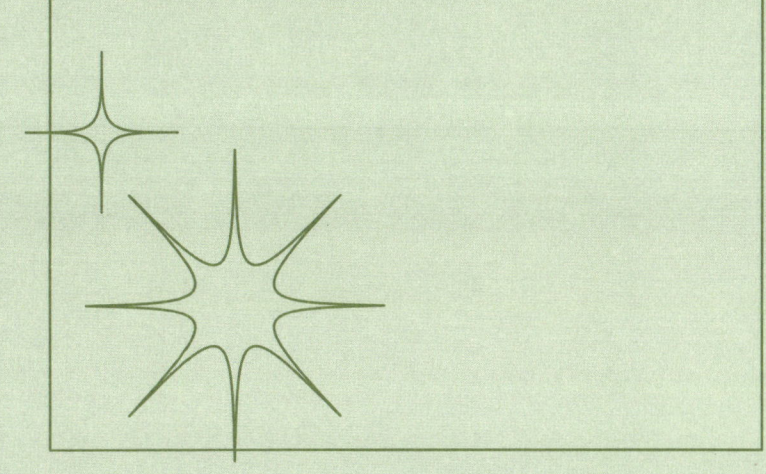

홍재희

'행복한 나'를
향한 여정

과거의 나:
삶의 우선순위

2023년 1월, 어김없이 찾아온 새해를 맞이하며 친구들과 신년 모임을 하던 중, 나는 대학교에 입학한다는 소식을 전했다. 친구들은 뜻밖의 소식에 잠시 놀라더니 다시 공부를 시작하겠다는 나의 결심을 반가워하며 응원의 말을 아끼지 않았다.

고등학교 시절, 가정 형편이 갑작스럽게 어려워졌고 생계와 독립 중 하나를 선택해야 하는 상황에 놓였다. 당시 고3 담임선생님은 등록금 때문에 대학을 가지 못할 것 같다며 눈물 어린 표정으로 말하는 나를 가만히 바라보시더니 처음으로 학부모 상담을 요청하셨다. 재학 중인 고등학교와 같은 재단인 전주대학교에 진학하면 받을 수 있는 입학 장학금을 찾아 주시면서 선생님은 엄마를 설득하려고 애쓰셨다. 그 노력은 너무 감사했지만, 집 안 곳곳에 붙은 빨간 딱지들이 나를 현실로 붙잡고 있었다. 결국 4남매의 장녀라는 책임감에 학업보다는 생존을, 미래의 꿈보다는 당장 눈앞에 보이는 현실을 택할 수밖에 없었다. 이런 선택은 어린 시절부터 굳어진 태도와 성격이 한몫했다.

어릴 때 나는 해야 할 일을 먼저 떠올리는 아이였다. 사 남매 중 장녀이기에 맞벌이를 하는 부모님을 대신해 간단한 집안일을 하고, 어린 동생들을 보살펴야 했다. 동생들에게 본보기가 되어야 했던 것은 당연하다. 삶의 기준점은 늘 '책임감'이었다. 성인이 되어서도 책임감이라는 현실에서 벗어나지 못하고 '하고 싶은 일'보다 '해야 하는 일'을 먼저 선택해 왔다.

그렇게 19살의 여름방학에는 태풍처럼 급격한 변화가 시작되었다. 나를 유난히 아껴 주셨던 한 선생님은 이런 사정을 듣고는 지인을 소개해 주셨다. 덕분에 비교적 빠르게 사회에 나갈 수 있었다. 그렇게 대학 진학을 잠시 멈춰 둔 채, 타지에서 첫 회사 생활을 시작했다.

근무지는 신제품을 출시하기 전 인증을 받기 위해 전자파, 전기, 안전성 등을 시험하는 용인의 연구소였다. 전공자들로 가득한 그곳에서 나는 팀에서 유일한 비전공자였다. 동료들과 괴리감이 클 수밖에 없었다. 스무 살이라고 해도 고등학생 티를 완전히 벗지 못한 나를 동기라고 여기지 않는 사람들도 있었다.

첫 사회생활은 늘 첫째로 살아왔던 나에게 처음으로 막내가 되어 보는 새로운 경험이기도 했다. 낯선 공간과 처음 듣는 생소한 단어들, 두툼한 문서들 속에서의 적응은 준비 없이 취업한 데다 내성적인 성격까지 겹쳐 무척이나 버거웠다.

야근하는 날도 많았다. 회사는 용인 외곽에 있었다. 해가 떨어지면 회사 주변의 빛은 오롯이 야근하는 동료들의 사무실 불빛뿐이었다. 대부분은 연구소 안에서 일을 했고, 나는 홀로 넓은 사무실에 남아서 낯선 단어들로 빼곡한 서류 더미와 씨름하며 하루하루를 보냈다. 결코 녹록지 않은 생활이었지만 오랜 시간 다져 온 책임감은 큰 무기가 되었다. 덕분에 사회에서 만난 어른들에게는 그런 모습이 기특하게 보였던 것 같다.

회식 자리에서 선배들이나 다른 부서 상사들은 줄곧 나에게 "아직 늦지 않았어. 지금이라도 대학은 가야지, 그래야 후회도 없고 월급도 더 많이 받지."라고 말했다. 그들의 조언을 들을 때마다 학업에 대한 생각이 짙어져 갔다. 하지만 현실은 언제나 계산이 앞섰다. 마음은 꿈을 따라가고 싶었지만, 머릿속에서는 돈 계산이 먼저였다. 업무량도 많아서 힘든데 학업을 동시에 할 수 있을지, 회사는 외곽에 있는데 퇴근하고 어떻게 대학교까지 갈 수 있을지를 걱정했다. 정작 무엇이 중요한지를 잘 알지 못했던 20대 초반의 나였다.

그때의 내가 눈앞에 있었던 현실을 잠시 내려놓고, 걱정의 질문들을 다르게 해 봤다면 지금의 나는 어떻게 달라졌을까? 글을 쓰면서 문득 그 순간들을 회상하게 된다.

이름만 들어도 설레는 나이, 스무 살. 많은 이들이 인생에서 가장 반짝이는 순간이라고 말하는 시기다. 그래서 그때 누군가는 배우고 만나고 다양한 감정들을 익히고 뱉어 내고 넘어지며 다시 일어서는 연습을 한다. 하지만 나의 20대는 배움보다는 버팀의 시간이 익숙했다.

과거의 나는 현실과 타협해야 하는 고민의 시간을 단축하는 법을 먼저 배웠고, 끓어오르는 감정을 달래고 숨기는 과정을 더 익혔다. 그래도 마음 한편에는 방송 일을 하고 싶다는 꿈이 있었다. 그래서 '언젠가는 꼭 하고 싶은 일을 위해 공부를 해 보자'라는 막연한 생각을 간직하며 배움의 문을 완전히 닫지 않은 채 지내 왔다. 그리고 마침내, 그 길 위에 다시 서야겠다는 결심은 한 사람에게 받은 뜻밖의 선물에서 시작되었다.

내게도 찾아온
터닝 포인트

강렬했던 첫 번째 회사를 아쉽게도 그만두고 2년 만에 고향으로 내려갔다. 한번 무너진 형편은 좀처럼 회복되지 않았고 결국 타지 생활을 접을 수밖에 없었다. 그렇게 하고 싶은 일과는 점점 더 멀어져 갔다. 하루하루가 늘 같음의 연속이었다. 마치 숲속을 자유롭게 뛰어다니던 작은 다람쥐가 어쩌다 작은 상자 안에 갇혀서, 주인이 던져 주는 도토리만 받아먹는 모습 같았다.

나이가 많은 아빠의 건강은 계속 나빠졌고, 젊은 엄마가 야심 차게 내던졌던 판단은 항상 실패의 부메랑으로 우리에게 돌아왔다. 왜 나쁜 일은 늘 한꺼번에 오는 것일까. 나는 계속해서 냉혹한 현실과 타협할 수밖에 없었다.

다시 취업이 필요했다. 소형 사진부터 대형 전시 작품까지 출력하는 비교적 큰 규모의 사진 출력소에서 일을 시작했다. 하지만 고졸이라는 학력 때문에 첫 회사보다 낮은 금액으로 신입 급여가 책정되었다. 반면 사회 경력이 없는 입사 동기는 전문대를 졸업했다는 이유로 나보다 급여가 높았다.

빠듯한 급여로는 생활비가 부족할 게 뻔했다. 관리부에 찾아가 사무직 관련 자격증과 첫 회사 경력을 인정해 달라고 요청했다. 그 순간, 용인 회사에서 들었던 조언이 현실로 다가왔음을 실감했다. 다행히 일정 부분은 경력으로 인정받아 급여가 조정되었지만, 여전히 부족한 월급은 통장에 찍히는 순간보다 삭제되는 시간이 더 빨랐다. 결국 회사 몰래 투잡까지 감행했다. 낮에는 회사원으로, 퇴근 후엔 카페에서 마감 시간인 새벽 1시까지 일을 했다.

나는 그렇게 여전히 생계를 책임져야 하는 20대 초반의 가장이었다. 몸은 늘 피곤했지만, 마음 한편에서는 전혀 다른 세상을 꿈꾸고 있었다. 당시 유일한 위안은 구독하던 블로그에 올라오는 한 여대생의 여행 일기였다. 또래인 듯한 그녀는 혼자서 자유롭게 세계 곳곳을 누비며 여행했고 자신의 블로그에 기록을 글로 남겼다.

한 달, 두 달, 시간이 흐를수록 그녀는 점점 더 대담하게 넓은 세상을 누볐다. 그 글을 통해 대리만족을 느끼는 나와 같은 구독자도 점점 많아졌다. 당시만 해도 여자 혼자 세계 여행을 한다는 건 흔치 않은 일이었기에 인터넷 속 이름도 모르는 여대생은 부러움과 동경의 대상이었다. 그래서 더욱 그 삶을 선망했다.

투잡을 하면서 회사 업무의 집중도는 점점 떨어져 갔다. 체력의 한계를 느끼면서도 여전히 가족을 우선시했다. 그렇게 K-장녀로서 힘들고 지겨운 일상이 이어지던 어느 날, 회사의 한 대리님이 뜻밖의 제안을 하셨다. "혹시 이번 추석에 어디 가니? 특별한 거 없으면 나랑 여행 갈래?" 좋은 선배이면서도 가장 무서운 상사였기에 당황했지만, '여행'이란 단어가 설레게 들렸다. 하지만 아무리 생각해도 예상치 못한 지출을 하는 여행은 무리였다.

거짓말이 섞인 변명으로 거절하려는 찰나, 대리님은 거절할 수 없는 말을 덧붙였다. 자신의 여행 적립 포인트가 많은데, 유효기간이 다 되어 곧 소멸되니 여행 비용은 모두 그 포인트를 사용하겠다는 것. 평소 여행을 자주 즐기던 분이었기에 어린 나는 그 말을 의심하지 않았다. 하지만 여전히 망설이는 나를 보며 대리님은 신속하게 여행을 밀어붙였다.

"혹시 여권 있니? 없으면 바로 만들어. 여권 발급 오래 걸리니까." 여권이라니, 이 순간만큼은 무리를 해서라도 꼭 가고 싶었다. "아, 그리고 발급 비용 차이 얼마 안 나니까 단기 여권 말고 10년짜리로 만들어. 함께 가고 싶은 여행지는 네가 찾아봐!" 해외여행을 갈 수 있다니 꿈같은 일이었다. '왜 이런 선의를 베푸는 걸까'라는 생각은 이미 설레는 마음이 너무 커서 빠르게 사라졌다. 여권 사진 잘 찍는 사진관은 어디인지, 여권은 어디서 발급받는지, 여행지는 어디로 갈지, 무엇부터 해야 할지를 습관처럼 '투 두 리스트'로 작성하기 시작했다. 어느 순간부터 가계부로 가득했던 다이어리에 오랜만에 할 일을 적었다. 선망의 대상이던 이름 모를 여대생의 삶에 한 발자국은 가까워진 것 같은 기분도 들었다.

그날부터 일상에 새로운 활력소가 생겼다. 투잡으로 늘 잠이 부족해 점심시간마다 쪽잠을 자던 내가, 여행 블로그를 찾아보느라 피곤함도 잊었다. 도청에 가서 생애 첫 여권도 신청했다. 약 2주간은 설렘으로 가득했다. 하지만 즐거움이 조금씩 걱정으로 변해 갔다. 여행지에서 쓸 경비는 추가로 마련해야 했기 때문이다. 무엇보다 명절 기간 3일의 부재를 가족들에게 어떻게 말해야 할지 자신이 없었다.

왜 그 순간 가족들에게 미안한 감정이 들었던 것일까. 책임감은 앞을 크게 가로막은 바위 같았다. 하지만 큰 바위 뒤편에 어떤 풍경이 펼쳐져 있을지 보고 싶었다. 여행 날짜가 점점 다가오자 추석에 여행을 가게 되었다는 사실을 가족들에게 말했다. 우려하던 것과 달리 가족들은 좋은 기회를 놓치지 말라며 나보다 더 설레했다. 그제야 안도의 한숨이 나왔고, 비로소 여행 준비를 즐길 수 있었다.

여행을 많이 가 본 적 없는 나에게 첫 해외여행지를 고른다는 건 또 다른 숙제였다. 당시에는 직장인을 위한 '일본 주말 도깨비 여행' 같은 패키지여행 상품이 유행처럼 쏟아져 나왔다. 그래서 나는 대리님의 의견을 따르기로 했다. 대리님은 수많은 패키지 중에서도 도쿄의 주요 관광 명소 위주로 구성된 여행을 선택했다.

컴퓨터 모니터로 보는 세상도 이렇게 멋진데, 직접 보는 풍경은 얼마나 더 아름다울까. 무겁기만 하던 하루하루의 발걸음이 조금씩 가벼워졌다. 항상 피곤함에 찌들어 있던 날카로운 표정에도 가끔씩 미소가 지어졌다. 힐링이란 이런 것일까. 처음 느껴 보는 감정이 다소 어색하기도 했다.

여행의 시작은 준비부터라고 했던가. 여행 전 챙길 것은 생각보다 많았다. 코앞으로 다가온 일정에 맞춰 캐리어 속에 옷가지와 물품들을 하나씩 넣으며 '아, 진짜 여행을 가는구나'라는 실감이 났다. 전주에서 인천공항까지 가는 리무진 버스 시간은 카페 근무를 마감하고 퇴근하는 시간이었다. 그 시간에 공항행 버스에서 잠을 청하고 있다니. 몰래 겸업을 하고 있었기에 대리님과 그 기분을 나눌 수는 없었지만 혼자 들뜨고 이상한 감정을 느꼈다.

약 4시간이 걸려 도착한 인천공항보다, 비행기를 타고 2시간 만에 닿은 일본은 말 그대로 가깝고도 먼 나라였다. 한국은 여름에서 가을로 바람의 색이 바뀌고 있었지만, 9월 중순의 도쿄는 한여름처럼 습하고 매섭게 더웠다. 가끔 소나기도 내렸다. 평소 같으면 비가 내리는 것을 싫어했을 텐데, 그곳에서는 비가 내리는 순간도 즐겼다. 늘 시간에 쫓기며 살던 내가 여행을 즐긴다는 사실이 신기하면서도 낯설었다.

패키지여행은 생각보다 일정이 빡빡했고, 지켜야 할 규칙이 많았다. 하지만 이상하게도 도쿄가 주는 자연 풍경과 소리는 여유롭게 느껴졌다. '나의 현실도 패키지여행처럼 빡빡하고 힘든데 왜 지금처럼 이 안에서의 소소한 즐거움을 찾지 못했을까.'

일본에 동전이 많다는 것도 인상적이었다. 다양한 자판기를 보고 그 사실을 알게 되었다. 자판기에서 거스름돈으로 나온 500엔 동전을 보면서 '어? 우리나라 500원과 똑같네'라며 두 나라의 동전 사진을 찍기도 했다. 그 모습을 본 대리님은 일본 동전을 가리키면서 실제 가치는 5천원보다 크다고 알려 주었다. '같은 모양이라도 어느 환경에 있느냐에 따라 가치가 달라질 수 있구나.' 첫 해외여행에서 동전을 보고 마주한 깨달음이 '어쩌면 내 삶도 언젠가는 다른 자리에서 다르게 빛날 수 있지 않을까'라는 생각으로 스몄다.

여행지에서 작은 도전을 해 보는 자신과 마주하며 시간을 보내기도 했다. 평소 입이 짧아서 같은 메뉴만 안전하게 먹었는데, 다른 나라 음식을 거부감 없이 맛보면서 먹는 즐거움과 함께 음식이 전해 주는 감정을 경험했다. 그렇게 라면과 라멘은 완전히 다른 음식이란 걸 알게 된 이후 종종 일본식 라멘을 찾아 먹었다.

나는 여행을 마음껏 즐기고 있었다. 대리님은 첫 여행의 설렘과 호기심 가득한 나를 존중해 주었고, 그 모든 순간을 온전히 나에게 맞춰 주셨다. 3일의 시간은 순식간에 지나갔다. 나의 작은 기내용 캐리어에는 가져온 짐보다 가족들에게 줄 일본 간식 선물이 가득 찼다.

집으로 돌아가는 비행기 안, 멀어져 가는 도쿄의 하늘이 유난히 아쉬웠다. 이후에도 투잡을 하는 일상은 변함이 없었다. 그러나 첫 여행 이후, 바쁜 하루 속에서도 소소한 즐거움을 찾으려고 노력했다. 회사에서 매일같이 무겁고 번거로운 종이라고만 생각했던 사진 더미에서 멋진 풍경을 발견하면 잠시 감상하는 시간을 가졌고, 힘들기만 한 카페에서도 점점 음악 소리가 귀에 들렸다. 이름도 모르는 여대생의 여행 일기는 더 이상 부러움의 대상이 아니라 버킷 리스트의 일부가 되었다.

그동안 여행은 남의 이야기일 뿐이었다. 하지만 직접 발을 딛고, 눈으로 보고, 새로운 문화를 경험하고 나니 다이어리에는 어느새 '여행 적금'이라는 설레는 항목이 생겼다. 메마른 사막처럼 건조했던 힘든 일상에 한 줄기의 샘물이 흐르는 것 같았다.

두 번의 여행,
그리고 성장

다음 해, 대리님과 두 번째 해외여행을 떠났다. 설 명절에 선택한 것은 홍콩-마카오 패키지여행이었다. 대리님은 같은 이유로 비용을 모두 부담하셨다.

두 번째 여행은 한결 여유롭게 즐길 수 있을 줄 알았다. 그런데 새로운 풍경과 상황을 만나면서 또 다른 경험을 했다. 우리나라의 명절과 홍콩의 명절이 겹쳐서 여행객이 넘쳐 났고, 대부분의 상점은 문이 닫혀 있었다. 무엇보다 한국의 추운 날씨와 홍콩의 습한 날씨의 급격한 온도 차이를 체력이 받쳐 주지 못했다. 아마도 홍콩 음식의 향신료 때문에 제대로 식사를 못한 것이 문제였던 것 같다. 이런 상황을 예상한 듯 대리님은 작고 매운 컵라면 두 개를 주셨다. 어찌나 의지가 되던지. 이래서 사람은 뭐든 몸소 경험을 해 봐야 하는 것일까.

홍콩은 참으로 생경한 곳이었다. 옆을 보면 화려한 고급 빌딩들이 높게 뻗어 있는데, 바로 맞은편에는 닭장같이 작은 집들이 빼곡하게 늘어져 있었다. 한 블록을 지나치기도 전에 또 다른 풍경의 빈티지한 골목이 나타났다. 그 골목은 마치 내가 홍콩 영화의 한 장면 속에 들어와 있는 듯한 느낌을 줬다. 순간 '아, 나는 이렇게 영화 같은 감성을 좋아하는구나'라는 것을 새삼 깨달았다.

여행의 하이라이트였던 홍콩의 풍성하고 화려한 야경은 사진을 이리저리 찍어 보아도 두 눈으로 감상하는 것만 못했다. 야경에 흠뻑 빠진 우리는 사적으로 좀 더 친밀해졌다. 고된 일정을 마치고 숙소로 돌아와 맥주 한 캔으로 아쉬운 여행을 마무리했다.

나는 궁금했던 것을 물어볼 타이밍을 기다리고 있었다. "대리님, 저한테 왜 이렇게 잘해 주세요?" 기대한 대답 대신 아직도 대리님이 뭐냐며 언니라고 부르라는 말이 돌아왔다. 무서워했던 직장 상사인데, 아무리 여행을 두 번이나 같이 한 사이라 해도 '언니'라는 말은 쉽게 나오지 않았다. 이런 성격을 알고 있다는 듯이 대리님은 "다음 여행에는 언니라고 불러 주려나."라며 기다리던 대답을 들려주었다.

대리님은 내가 투잡을 한다는 것을 알고 있었다. 우연히 카페에서 일하는 모습을 보았다고 하셨다. 사정을 직접 묻고 싶었지만 내가 도움을 청할 때까지 기다렸다고 했다. 돌이켜 생각해 보니, 항상 잠이 부족해 점심시간마다 사라지는 나를 그냥 지켜봐 주셨고, 내가 심한 독감에 걸렸을 때는 삼계탕을 사 주면서 몸보신을 시켜 주셨다.

카페에서 청소를 하다 깨진 유리컵에 오른쪽 검지를 베어 새벽에 응급실로 가서 손을 꿰맨 적이 있다. 다음 날 깁스를 한 채 출근한 나를 보면서 집에서 다쳤다는 거짓말을 믿어 주는 척하며 병가 처리를 도와준 대리님이었다. 그동안 문제가 발생하면 혼자 생각하고 결정하거나 그저 묵묵히 버텨 왔었다. 그런데 누군가가 가만히 지켜보며 챙겨 주고 있었다는 사실을 왜 몰랐을까. 울컥하는 순간이었다.

시간이 흐를수록 대리님은 내 모습을 보며 본인의 20대 초반을 많이 떠올렸다고 했다. 굳이 속사정을 듣지 않아도 내가 무엇 때문에 힘든지 짐작이 되었고 자신도 그 과정을 거쳐 20대 후반이 되었기에 안타까운 마음이었다고 했다. 그래서 내가 다른 세상을 경험할 수 있도록 자신이 깨친 방법으로 여행을 선물해 준 거라고 말했다.

나라면 과연 남을 위해 이런 선의를 베풀 수 있을까. 대리님과의 여행을 통해 실제로 일상에 많은 변화를 겪었다. 그동안 앞길을 가로막고 있던 단단한 바위를 밀어내지도 못한 채 체념하듯 바라봤다면, 큰 바위를 비켜 돌아가는 방법도 있다는 사실을 알게 되었다. 힘든 일상에 '소망'이라는 단어를 품게 되었고 마음은 계속 긍정적으로 바뀌었다.

20대를 돌아보니 대리님의 말이 맞았다. 경제적으로 힘들었던 날들은 시간이 지나면서 자연스레 해소되었다. 비록 15년이라는 시간이 필요했지만, 그 시간들을 잘 견딜 수 있도록 특별한 선물을 주셨던 대리님 덕분에 삶을 다른 시선으로도 바라볼 수 있게 되었고, 지금도 그녀를 인생에서 만난 가장 귀한 인연이자 성숙한 언니로 기억한다.

이후 적은 돈이라도 틈틈이 모아서 가족 여행을 가거나 혼자서 훌쩍 짧은 여행을 다녀오기도 했다. 여행을 갈 수 없는 상황이라면 홍콩 여행을 떠올리며, 영화를 보면서 영화 속 인상 깊었던 장소를 메모해 두었다. 그렇게 쌓여 간 기록들은 하나둘 구체적인 소원이 되었고, 인생 버킷 리스트는 조금씩 채워졌다.

선망의 대상이었던 그 여대생의 긴 여행도 종료되었고 나처럼 그녀도 일상을 다시 살아가는 이야기로 블로그를 채웠다. 그녀와 내가 다른 점이 있다면 대학생이었던 그녀는 멈췄던 학업을 이어 갔고, 나는 아직 '가장'의 명찰을 떼지 못해 여전히 투잡을 한다는 것. 그렇게 20대 중반의 나이를 막 통과할 무렵, 무리하게 일한 탓에 건강이 악화되어 회사와 카페를 모두 그만두게 되었다.

새로운 삶의 자세를 배운
호주에서의 생활

건강을 회복하고 나서 빠르게 세 번째 회사에 취직했다. 새로운 직장의 출퇴근길은 번화한 대학가 중심이었다. 벚꽃이 피는 길목이 항상 예뻤고, 벚꽃이 지고 나면 푸르른 나무로 가득해지는 대학교를 가로질러 다닐 때마다 '캠퍼스'의 로망을 상상했다.

그 학교에 다니는 친구를 따라 동아리실과 강의실을 가 본 적도 있다. 학생이 아닌 게 티가 날까 봐 괜스레 눈치가 보여 속으로 조마조마했던 기억도 있다. 그때부터였을까, 어쩌면 나는 가 보지 못한 '대학교'에 대한 동경보다는 또래들과 대학 생활을 즐기며 함께 감정을 공유하는 '대학생'이 되고 싶었던 것 같다.

세 번째 직장은, 그동안 투잡을 하며 벌었던 급여보다 더 많은 돈을 주는 통신 업종의 서비스직이었다. 근무 시간은 꽤 길었지만 몇 년간 하루 15시간씩 일을 해 왔기에 2~3시간 늦은 퇴근 정도는 대수롭지 않았다. 하지만 성격에 맞지 않는 일을 하다 보니 스트레스가 몇 배 이상이었다. 점점 업무량도 많아져 결국 투잡을 하는 것과 같은 나날이 반복되었다.

극심한 업무에 시달리다 다시 건강이 나빠져 수술을 받았고, 직장은 자연스레 그만뒀다. 회복을 위한 3주간의 휴식은 굉장히 낯설었다. '아프지만 않았다면 여행이라도 갔을 텐데'라고 생각하며 그동안 보지 못한 드라마를 정주행하고 영화를 섭렵하며 일상을 보냈다. 그러다 우연히 다시 본 영화, '세상의 중심에서 사랑을 외치다'에 등장한 사진 한 장이 호주를 꿈꾸게 했다. 지구의 배꼽이라 불리며 신성시되는 커다란 바위 '울룰루'는 도대체 어떤 곳일까. 순간 직장에서 친해진 동갑내기 친구가 갑자기 호주로 떠났던 것이 떠올랐다.

그때부터 무언가에 홀린 듯 '호주 워킹홀리데이'를 준비하기 시작했다. 나에게 안성맞춤인 제도였다. 돈을 벌면서 여행을 할 수 있다니, 그것도 외국에서. 조건도 단순했다. '만 30세 이하의 신체 건강한 청년이라면 누구나 가능'

준비하는 몇 개월간 가족들에게 이 사실을 알리기까지 두려움이 가득했다. 그래서 친구들에게 먼저 워킹홀리데이 이야기를 했다. 잔뜩 기대에 들뜬 나와는 달리, 친구들은 20대 후반의 나이를 걱정했다. 나 역시 곧 서른이라는 점이 마음에 걸리기는 했다. 하지만 그동안의 삶을 돌이켜 생각했을 때, 갇힌 다람쥐와 같은 삶을 더 이상 살고 싶지 않았다.

떠나기 한 달 전, 가족들에게 결심을 통보했다. 당시 학교를 돌연 자퇴하고 서울로 갔던 남동생이 본가에서 휴가를 보내던 터였는데, 그래서 동생이 나의 호주행을 가장 먼저 알았다. 동생도 함께 호주로 가 잠시 여행을 하기로 했고, 그렇게 우리 남매는 2015년 8월 호주행 비행기에 나란히 올랐다.

처음으로 장거리 비행을 하면서 홍콩에서 환승한 호주 항공사 비행기에서 심한 멀미를 했다. 외국 승무원은 약 대신 종이봉투를 건네줬다. 그렇게 신고식을 치르듯 호주에 도착했고, 이틀은 햄버거조차도 잘 먹지 못했다.

동생은 구글맵으로 한국 식당을 빙빙 돌며 찾았고, 나는 평소에 잘 먹지도 않던 돌솥비빔밥을 '원샷'했다. 브리즈번 시티 거리를 걸으며 평범한 건축물조차 신기했던 우리는 한동안은 관광객 모드로 여기지기 열심히도 돌아다녔다. 곧 일도 시작했다.

처음에는 세컨드 비자를 받기 위해 농장에서 일을 했고, 이후 시티로 나와 새벽에 도넛을 만들며 높은 시급을 받았다. 그렇게 호주에서도 습관처럼 열심히 일을 했다. 마지막으로 일했던 곳은 특별한 인연의 공간이다.

집 근처 쇼핑몰에서 스시 매장을 운영하던 50대 한국인 부부는 뉴질랜드에서 오래 살다 호주 이주를 결심한 분들이었다. 나는 셰프 사모님의 보조로 일하면서 팀장님을 도와 스시를 말기도 했다. 바쁠 때는 사장님 곁에서 계산도 맡았다. "틀려도 괜찮으니 자신 있게 계속 영어로 말해라."라는 사장님의 격려 덕분에 영어 울렁증도 극복할 수 있었다. 지금도 연락을 하는 사장님 부부는 항상 나의 선택에 아낌없는 응원을 해 주신다.

호주의 드넓은 하늘은 손을 뻗으면 마치 닿을 것처럼 가까워서 자주 하늘을 보았다. 공원 속에 조성된 것 같은 분위기의 주택가에서 산책도 자주 했다. 특히, 브리즈번의 큰 강을 건너면 보이는 퀸즐랜드 주립 도서관을 좋아했다. 그곳에서는 누구든지 자유롭게 수준 높은 각종 전시를 무료로 관람할 수 있었다.

우리나라와 계절이 정반대인 호주에서 보낸 3번의 크리스마스와 도심 속에 있는 사우스뱅크의 스트리트 비치에서 맞이한 새해 불꽃들, 그리고 브리즈번의 시티 뷰를 한가득 품은 카페에서 즐기는 커피는 그동안의 힘들었던 지난날을 보상해 주는 기분을 선사했다.

셰어하우스에서 1년간 동고동락했던 친구들하고는 여전히 인연을 이어 가고 있는데, 이들과 캠핑카를 빌려서 로드트립을 한 기억도 각별하다. 친구들과 호주 반 바퀴를 돌아 만난 울룰루, 그곳에 두 발을 내디뎠던 순간은 잊지 못한다. 이렇게 단 한 줄도 실현할 수 없을 줄 알았던 버킷 리스트에는 무려 2줄이나 성공의 체크 표시가 새겨졌다.

호주에서 지내는 동안 가지각색의 사연을 가진 사람들을 만났다. 그 관계 속에서 많이 웃고 울었다. 호주에서 보니 나이와 무관하게 다양한 도전을 하는 사람들이 많았다. 여행을 삶의 목적으로 잡은 사람, 영주권을 목적으로 공부하는 사람, 더 큰 세상으로 나가기 위해 잠시 이곳에 머물며 돈을 모으는 사람 등등 저마다의 목적을 가진 사람들이 있었다. 그들 도전의 공통적인 목표는 '행복'이었다. 나는 또래에 비해 다사다난한 경험들을 해 보았음에도 '행복'이라는 두 글자에는 아직도 물음표이다.

'과연 행복이란 무엇일까?' 인생의 궁극적인 질문이 새겨졌다. 그동안 늘 우선순위는 가족이었고, 가족을 위해 할 일들을 아낌없이 하면서 사는 것이야말로 행복이라고 믿던 생각이 여행을 통해서 '하고 싶은 것'을 선택해도 된다는 감각을 알게 했다. 이는 삶의 우선순위가 바뀌는 계기가 되었다.

3년간의 외국 생활을 마치고 한국으로 돌아가는 깜깜한 비행기 안에서 문득 생각했다. '그래, 나이가 무슨 상관이야, 오히려 더 많은 걸 해 볼 수 있지 않을까.' 그렇게 '해야만 하는 삶'이 아니라 '하고 싶은 것을 하는 삶'을 선택할 용기를 가졌다. 그 용기는 나를 또 새로운 세상으로 이끌었고, 그렇게 나는 늦깎이 대학생이 되었다.

현재의 나:
새로운 시작

호주에서 보낸 3년은 결코 짧은 시간이 아니었다. 호주에서 돌아오니 한국은 디지털 세상으로 빠르게 변해 있었다. 어엿한 사회인이 된 셋째 동생에게 처음으로 배운 건 '카카오택시'였다. 우버와는 또 다른 신문물이었다. 새삼스레 신기했던 건 역시 인터넷 속도였다. 한국은 LTE를 넘어, 5G의 세상이 시작되었다.

한국에 돌아오기 6개월 전 호주에는 그제야 광랜이 설치되었다. 호주는 아침 출근길 러시아워가 보통 6~7시였고, 트레인은 늘 만석이었다. 저녁 6시면 해가 떨어지고 거의 모든 상점이 문을 닫기 때문에 자연스레 건강한 생활을 하며 강제적으로 '미라클 모닝'을 실천했다. 호주에서의 느렸던 생활 습관을 버리고 한국의 빠른 속도에 적응해야 했는데 그것이 한동안은 힘들었다. 고작 3년의 부재였는데 말이다.

그때 선택한 다음 행로가 제주도였다. 틈틈이 돈을 모아 처음으로 갔던 제주도의 가족 여행이 특별했고, 언젠가는 제주도에서 살고 싶었다. 백수인 지금이 적기라는 생각에 또다시 짐을 싸 제주도로 떠났다. 유행처럼 번졌던 '제주도 한 달 살기'를 마음먹고 제주도 생활을 시작했다. 아르바이트도 하고 취미로 등공예도 배우며 그렇게 3년 반을 그곳에서 보냈다.

그러던 중, '코로나'가 전 세계를 삽시간에 멈추게 만들었다. 초창기 코로나 시기에 제주도에서의 생활은 세상과 나를 단절시켰다. 섬과 육지를 오가는 것이 의미 없는 시간 낭비 같아서 다시 고향으로 돌아왔다. 이제 안정적인 직업을 구하라는 주변의 말들이 있었지만, 다시 예전의 나로 돌아가고 싶지 않았다.

제주도에서 등공예 강사 자격증을 땄기에 고민을 하다 전주에서 1인 창업에 도전했다. 창업은 버킷 리스트 중 하나였다. 그렇게 몇 개월간 창업 공부를 하며 등공예 공방을 오픈했고, 지인들에게 개업 소식을 알렸다. 그동안 바빠서 만나지 못했던 많은 사람들이 기쁘게 공방을 찾아 주었다.

그러다 고등학교 동창과 연락이 닿으면서 안부를 물었고, 친구가 다니는 대학교 이야기를 들었다. 그 친구도 일찍이 사회생활을 시작했는데, 국가 장학금을 받으며 대학교를 다니면서 내 생각을 했다고 한다. 이제 막 공방을 개업해서 자리를 잡아야 하는데, 생각지도 못한 친구의 이야기는 나를 또 한 번 갈림길에 서게 만들었다.

20대 초반에 만난 대리님 덕분에 여행과 문화생활을 접했고, 집착하듯 책, 영화, 공연, 전시를 꽤 많이 보았다. 그때 좋아하는 분야의 문화를 알게 되었고, 기획과 연출을 해 보고 싶다는 생각에 24살에 대학교 진학을 시도한 적이 있다. 결국 또 현실과 타협하면서 거의 포기하며 살아왔다. 그런데 36살에 대학교라니, 생각이 깊어졌다.

늦은 저녁까지 축하해 주러 온 손님들을 보내고 적막한 공방에 홀로 앉아 친구가 알려 준 대학교를 검색해 보았다. '전주대학교 미래융합대학' 홈페이지를 살펴보던 중 눈에 띄었던 문구는 '일하면서 학위 취득, 토요일 하루 수업, 장학금 지원'이었다. 장학금 지원이 가장 궁금했는데, 홈페이지에 적힌 설명만으로는 궁금증이 풀리지 않아 재학 중인 친구에게 물었다.

친구는 '국가 장학금'과 '희망 사다리'라는 장학금 제도를 설명해 주었다. 몇 가지 장학 조건에 부합한 학우 중에는 등록금 전액을 지원받아 사실상 무료로 공부하는 경우도 있다고 했다. 그 이야기를 듣는 순간, 등록금이 없어 대학을 포기해야 했던 19살의 여름방학이 생각났다. 하지만 자영업자에게 주말은 황금 시간대이고, 이번에는 가족이 아닌 나 자신의 생계가 더 큰 걱정이었다. 분명 좋은 제도임에도 선뜻 용기가 나지 않았다.

고민만 하다가 결국 하루 차이로 입학 시기를 놓쳤는데, 큰 아쉬움은 없었다. 어쩌면 꿈을 포기한 순간부터 학업에 대한 열망이 점점 흐려졌던 것 같다. 게다가 막 창업을 시작한 시점이었기에 그때 중요한 관심사는 학위가 아니라 '공방을 어떻게 꾸려 나갈 것인가'였다.

공방을 오픈한 지 5개월쯤 되었을 때, 주말에 간헐적으로 예약되는 클래스들을 핑계 삼아 대학에 입학하지 않은 것을 크게 후회했다. 원데이 클래스보다는 출강이 적성에 맞았고, 주말보다 평일에 훨씬 바빴다. 출강은 강사 자격증과 경력이 있으면 할 수 있지만, 큰 기관 강의에는 학력이 필요한 경우가 많았다. 고졸 강사에게 기회가 없는 것은 아니었지만, 현실의 벽은 존재했다. 창업자에게 학위가 필요 없을 것이라는 생각은 어리석었다.

해야 하는 일에는 결정을 빠르게 내리면서도, 정작 내가 하고 싶은 일에는 유난히 고민이 많았다. 미련이 남을 바엔 차라리 해 보고 나서 다시 생각하자란 마음으로 다음 해 입학 시기를 놓치지 않기 위해 스케줄 알림을 설정했다. 고민의 답을 선택하고 나니 마음도 한결 가벼워졌다. 그리고 입학 전까지 공방 업무에 집중하며 시간을 보냈다.

혼자서 공방을 운영하다 보니 홍보에 다양한 시도를 했다. 작업실이 생기면 하루 종일 작품만 만들 줄 알았는데 현실은 작업 테이블에 앉아 노트북을 켜는 시간이 더 많았다. 출강 정보를 하나라도 더빨리 얻기 위해 점점 검색왕이 되어 갔고 사업 계획서와 수강 계획서로 씨름하는 날도 많았다.

여행하며 배운 사진 잘 찍는 방법은 어느새 공방 홍보를 위한 기술로 응용되어 각종 SNS를 시작하여 유튜브 영상 편집까지 손을 뻗게 되었다. 그러다 보니 처음에는 친구를 따라 '창업경영금융학과'에 입학하고 싶었던 마음이 '문화콘텐츠학과'로 관심이 기울었다. 하루 차이로 입학 시기를 놓치지 않았다면, 갓 창업을 한 시점이었기에 경영을 배우는 쪽을 택했을 것이다. 그랬다면 지금처럼 삶을 글로 풀어내는 일은 없었을지도 모른다. 놓친 하루가 오히려 새로운 기회의 페이지가 된 셈이다. 그렇게 오랜 시간을 돌고 돌아 37살에 전주대학교 미래융합대학 문화콘텐츠학과의 23학번 신입생이 되었다.

만학도의 대학 생활

입학과 함께 특별한 대학 생활이 시작되었다. 고등학교 시절 매일 드나들던 익숙한 전주대학교 후문이었지만 이제는 '신입생'으로 이곳을 왔다니, 17년을 돌고 돌아 결국은 이 학교에 다닐 운명이었나 보다. 그때와 많이 바뀐 교정의 풍경은 낯설고도 새로웠다.

길치인 나는 길을 헤매다 미리 통화해 두었던 선배에게 전화를 걸어 겨우 환영식 장소에 도착할 수 있었다. '2023학년도 신(편)입생 입학식 및 오리엔테이션' 현수막이 크게 걸려 있는 무대 위에서 총장님과 학장님의 환영사를 들으며 영상을 남겼다. 환영식 끝에는 선배들이 환영 박수와 함께 한 송이 장미꽃을 신입생들에게 나누어 주었다. 조금은 긴장된 마음이 장미꽃과 함께 설레는 마음으로 활짝 피었다.

이후 우리는 수강 등록을 위해 전산실로 이동했다. 미래융합대학의 신입생들은 연령이 다양했다. 20~30대는 물론, 40대와 50대 학우들도 꽤 있었다. 일반 학생보다는 조금씩 느릴 수 있는 우리는 거의 만학도였다.

모든 일정이 끝나고 학교에서 준비한 점심을 함께했다. 서로 낯설었지만, 학과별로 원형 테이블에 모여 앉아 삼삼오오 식사를 했다. 그렇게 오리엔테이션이 끝났고 한 교수님이 남아 있던 학생들에게 커피를 사 주셨다. 그 자리에서 나는 앞으로 4년을 함께할 동기 언니를 처음 만났다. 입학 동기는 20대부터 50대까지 다양한 연령대가 모여 있었다. 하지만 나이보다 중요한 건, 학업이라는 같은 목표였고 우리는 그 하나로 이미 연결된 사람들이었다.

오후에는 공방으로 돌아가 일정을 이어 갔다. 그때 새 학기를 준비하는 고2 막둥이 동생이 찾아왔다. 2년 뒤 대학 신입생이 되는 동생은 예습하듯 내 얘기에 귀를 기울였고, 나는 들뜬 마음을 감출 수 없어 오리엔테이션에서 있었던 일들을 신나게 들려주었다. 그날의 설렘은, 대학 생활 또한 막 시작된 것임을 실감하게 했다.

아직은 찬 바람이 남아 있는 3월의 두 번째 주말, 드디어 첫 수업이 시작되었다. 토요일 하루 종일 수업이라 아침 9시 30분부터 오후 5시까지 꽉 찬 시간표였다. 평일에 온라인으로 듣는 수업보다 직접

학교에서 강의를 듣는 게 훨씬 재미있었다. 첫 수업은 자기소개로 시작했는데, 오전부터 오후 마지막 시간까지 줄곧 이어졌다.

교양 필수인 영어 회화 수업은 타 학과와 함께 들었다. 교수님은 매번 팀을 바꿔 회화를 주고받으며 참여할 수 있게 진행하셨다. 그 수업 덕분에 다른 학과 학생들과도 복도에서 마주치면 반갑게 인사하는 사이가 되었다.

이어서 교양 필수 과목으로 코딩을 배웠다. 초등학생들도 코딩을 배운다지만, 이렇게 어려운 것을 어떻게 초등학생들이 할 줄 안다는 건지 도무지 믿기지 않았다. 교수님은 우리와 같은 성인학습자를 처음 가르쳐 본다며 긴장을 하셨다. 한 학기 동안 함께 잘 맞춰 나가보자는 교수님의 포부와 달리, 수업이 거듭될수록 여기저기서 한숨과 탄식이 흘러나왔다.

교수님도 수업의 난이도를 계속 조율하셨다. 그래도 20대 동기들은 금세 이해하고 응용해 새로운 캐릭터들을 만들어 냈고, 그들을 구경하는 재미가 있었다. 반면 나는 교수님이 알려 준 공식 그대로만 따라 했고, 결과물은 늘 교수님이 보여 주신 화면과 똑같을 뿐이었다. 그래도 결과물을 정상적으로 본 것만으로도 만족한 수업이었다.

오전 수업이 끝나고 점심시간이 되었다. 생각보다 빠듯한 시간이었기에 동기들과 한 대의 차를 타고 이동했다. 메뉴는 서브웨이 샌드위치. 주문을 하고 자리에 앉아 어색한 분위기 속에서 조금씩 대화를 시도했다. 자기소개 시간에 미처 하지 못했던 이야기들을 조심스레 꺼내면서 학과를 선택한 이유를 말했다. 각자 학업을 멈추게 된 사연은 달랐지만, 지금이라도 비슷한 꿈을 가지며 만나게 된 사람들이었다. 그렇게 점심을 마치고 다시 강의실로 갔다.

오후 수업은, 오리엔테이션 때 커피를 사 주셨던 김병오 교수님의 '문화콘텐츠 입문' 수업이었다. '문화란 무엇인가'를 들으며 교수님의 콘텐츠부터 보게 되었다. '내 인생의 콘텐츠'라는 주제로, 음악을 좋아하는 교수님은 본인의 대학 시절 추억의 '들국화'를 소개하셨다. '들국화=전인권'이라는 공식과 노래가 머릿속에 그려지는 우리와는 달리, 25살 막내 동기에게 들국화는 그저 '꽃'이었다. 그 반응에 우리는 한바탕 웃었다.

교수님은 '콘텐츠'는 어려운 것이 아니라며 세상의 모든 것이 콘텐츠가 될 수 있다고 말씀하셨다. 수업을 들으며 과연 문화콘텐츠란 무엇일까 생각했다. 첫째인 나는 막둥이 동생과 세대 차이를 느낀다. 그것을 극복하기 위해 대화로 생각을 나누며 이해하려고 노력하고 있다. 이런 경험을 떠올리며 나름 정의 내린 문화콘텐츠는 '세대가 다르지만 저마다의 문화를 공유하며 이해하고 소통할 수 있게 이어 주는 다리와 같다'라는 생각이 들었다.

이날 교수님은 '내 인생의 ○○○'으로 자신만의 콘텐츠 발표를 준비하라고 과제를 주었다. 나만의 콘텐츠란 무엇일까. 곰곰이 고민하다 삶을 돌아보았다. 당시 나는 1인 공방을 운영하는 청년 창업가이자, 음악 플레이리스트 유튜브 채널을 관리하는 일을 병행하고 있었다.

과거에도, 현재에도 여전히 투잡을 하고 있었다. 하지만 예전과 달라진 점이 있었다. 과거의 투잡은 생계를 위한 고단한 선택이었다면, 지금의 투잡은 '나를 위한 도전의 시간'이라는 것이다. 학업까지 포함하면 세 가지 일을 동시에 하는 셈이었다. 시대가 변하면서 이제는 여러 일을 병행하는 사람들이 흔해졌고, 사람들은 이들을 'N잡러'라 불렀다. 그래서 나의 'N잡러 일상'을 담은 브이로그 영상을 만들기로 했다.

그렇게 지금의 삶을 영상으로 정리하면서, 과거 힘겹게 버틴 시간이 결국 경험치가 되어, 이 순간 빛을 발하고 있다는 사실을 깨달았다. 동기들은 내 영상을 재미있게 감상해 주었다. 특히 공방에서 작업하는 장면에 큰 관심이 쏠렸다. 교수님은 홍보용으로 찍었던 한 사진에 유난히 흥미를 보이셨다. 2023년 토끼해를 맞아 국립민속국악원의 대표 창극 '산전수전 토별가' 공연 홍보 사진이었다.

기존의 탈을 쓰고 연기하는 배우들의 모습이 식상해지자, 국립민속국악원은 새로운 시도를 고민했고, 그 소재로 '나무'를 선택했다. 나무의 질감을 살리면서도 가볍고 유연하게 캐릭터를 표현하는 방법을 찾던 담당자, 퍼펫puppet 작가님이 내 공방의 SNS를 우연히 보고 연락을 주셨다. 나는 보조 작가로 참여하게 되었고, 등나무rattan로 공연의 퍼펫을 제작하던 때였다. 교수님은 그 이야기를 듣고 "그것도 훌륭한 콘텐츠다."라며, 수업 시간에 함께 공연을 보러 가자고 하셨다. 갑자기 교수님과 동기들이 모두 관람하러 온다는 소식에 어깨가 더 무거워졌다. 이미 손가락마다 밴드를 겹겹이 감아 가며 작업하고 있었지만, 더 잘하고 싶다는 마음뿐이었다.

퍼펫 제작 작업은 학교 중간고사 기간과 맞물려 있었다. 큰 공연인 만큼 감당해야 할 작업량이 너무 많았다. 공연 작업은 처음이라 실수도 잦았고, 시간은 늘 촉박했다. 수업보다는 일에 더 집중할 수밖에 없었다. 다행히 공연에 맞게 작업은 완료되었고 남원에서의 첫 공연에 교수님들과 선배님들이 와 주셨다. 공연 크레딧에 이름을 올리는 자체만으로도 기쁜 일이었는데, 지인들과 그 순간을 함께할 수 있어 더욱 뿌듯했다.

한편 나는 새내기 학생으로 힘겹게 적응하는 중이었다. 학교 시스템은 익숙하지 않다. 토요일 수업을 결석하기도 했고, 온라인 강의

출석을 놓치거나 과제 제출 기한을 넘기는 일도 많았다. 여러 일을 동시에 해내는 것을 장점으로 여기며 살아왔지만, 체력이 한계에 이르자 좌절을 맛보았다.

이런 사정을 알게 된 동기들은 단체 채팅방에서 과제 마감일을 챙겨 주었다. 나도 학교의 소식이나 자료를 알게 되면 공유하면서 나름대로 적응했고, 자연스럽게 서로를 돕기 시작했다. 일과 학업을 병행하는 것이 얼마나 힘든지 잘 알기에, 늦깎이 대학생들은 경쟁자가 아닌 협력자로 서로에게 힘과 위안이 되어 주었다. 그렇게 우리는 1학년 1학기를 무사히 마칠 수 있었다.

새로운 길 위에
선택과 도전

처음 맞이한 두 달간의 방학은 그야말로 꿀 같은 시간이었다. 퇴근 후 과제를 하느라 늦게까지 컴퓨터 앞에서 씨름하지 않아도 되었다. 주말이 한결 여유로웠다.

그때 동기들과 '리빙-랩'이라는 프로젝트를 수행했다. 리빙-랩은 지역 문제를 발굴하고 해결책을 제안하거나, 지역사회 발전을 위한 아이디어를 실천하는 팀 프로젝트다. 동기들과 참여하기로 하고, 공예를 주제로 정하면서 내가 팀장을 맡았다. 방학 동안 틈틈이 모여 아이디어를 논의하고 PPT를 만들며 리빙-랩 담당 교수님의 지도를 받았다. 지원금을 신청하기 위한 발표 준비도 했다. 다른 팀의 리빙-랩 팀장들과 모이는 자리에 참석하기도 했다.

어느덧 방학이 끝나고, 2학기가 시작되었다. 리빙-랩 프로젝트는 학기 중에도 이어졌다. 팀장 모임이 몇 차례 더 있었다. 하지만 개강과 함께 동기들에게 각자의 사정이 생겨 프로젝트는 끝까지 이어지지 못했다. 맏언니는 이직을 했고, 다른 언니는 인천으로 이사를 했다. 오리엔테이션 때 임신 소식을 알았다는 가장 친한 동기는 만삭이 되어 출산 준비에 들어가야 했다. 혼자서 프로젝트를 감당하기 힘들었고, 중도에 포기할 수밖에 없었다.

아쉬움은 컸지만 성인학습자에게는 현실적인 벽이 언제든 나타날 수 있다는 것을 배웠다. 결과를 내지는 못했지만, 팀원들과 아이디어를 모으고 발표를 준비했던 과정은 여전히 의미 있었다. 그 도전의 흔적은 앞으로 나아가게 하는 힘이 되어 줄 것이라 믿었다.

1학기에 이어 2학기에도 '논리적 문제해결'이라는 수업을 들었다. 수업에서는 주요 관심사를 정하고, 목표를 설정한 뒤, 문제를 도출하고 해결책을 찾아 가는 과정을 배웠다. 과제를 하면서 이루고 싶은 것을 시각화할 수 있었고, 그 과정에서 스스로의 방향을 점검했다. 수업에서 배운 다양한 기법들은 실제 업무에서도 자연스럽게 응용할 수 있었다. 특히 '캔바'라는 디자인 툴을 자주 활용하면서 PPT 작성 능력이 눈에 띄게 향상되는 것을 느꼈다.

'소셜콘텐츠실습' 수업에서는 '캡컷'이라는 간편한 편집 툴을 이용해 쇼츠와 릴스를 직접 만들어 보았다. 과제를 할 때는 호주 로드트립 당시 찍었던 울룰루 영상을 활용하였다. 첫 장면에 캠핑카가 등장하고, 호주에서의 모습이 빠르게 교차되면서 긴 로드를 달리는 장면을 창밖의 시선으로 담아 편집했다. 엔딩은 울룰루의 붉은 거대한 바위가 해가 지는 시간에 따라 색이 변하는 모습으로 마무리했다. 그렇게 호주에서의 3년을 59초 릴스로 완성했다. 그저 개인의 추억으로 간직하던 영상이 새로운 방식으로 쓰일 수 있다니 감회가 남달랐다.

동기 중 맏언니는 '캡컷' 영상 편집 툴에 재능을 보였다. 그래서 언니는 교수님의 제안으로 비학위 프로그램을 진행하게 되었고 처음으로 강사로서 주민들에게 자신의 지식을 전하는 기회를 잡았다. 수강생 대부분이 언니와 비슷한 40, 50대였기에 자연스레 공감대가 형성되었고, 프로그램은 3회 차까지 연장되었다.

김병오 교수님은 "미래융합대학 학생들은 이미 준비된 사람들이니, 대학에서 배운 것을 반드시 일상에 활용해 보자."라는 말씀을 자주 하셨고, 우리에게 다양한 기회를 주고자 애쓰셨다. 이런 기회를 계기로 다른 학우들도 각자의 소질을 살려 비학위 프로그램을 몇 차례 진행할 수 있었고, 자신의 전문 분야를 공유하며 또 다른 도전을 이어 가기도 했다.

1학년이 끝나 갈 무렵, 장기화된 코로나로 경제 침체가 더 심해졌다. 설상가상으로 예전에 카페에서 다친 오른쪽 손가락에 계속 무리가 더해져 손목까지 영향을 미쳤고, 긴 치료가 필요하다는 진단을 받게 되었다. 또 한 번의 갈림길 위에 서게 된 나는, 결국 공방 문을 닫는 결정을 선택했다. 이후, 여행사에 취직하며 새로운 길을 걷게 되었다.

내가 있는 곳이
나의 캠퍼스

2학년이 되면서 여행사에서 본격적으로 출장을 다녔다. 여행사 대표님은 호주와 제주도에서 지낸 경험, 혼자서 창업을 했던 경력, 그리고 학업을 병행하며 일하는 성실함을 높게 평가해 주셨다.

무엇보다 여행 일은 나와 잘 맞았다. 그동안 쌓아 온 다양한 경험들이 업무 곳곳에서 살아났다. 다양한 사람을 상대하며 얻은 대처법, 예상치 못한 상황에서 쌓인 판단력, 학업에서 배운 지식들, 그리고 축적된 생활의 정보들이 여행 업무와 자연스럽게 맞아떨어졌다. 그래서 여행 중에 돌발 상황이 생겨도 훈련된 감각으로 자연스럽게 현장에서 빛을 발하기 시작했다. 빠르게 일을 익히고 자리 잡았다.

소속된 여행사는 수학여행 전문 업체였기에 중고등학교 선생님들과 일을 했다. 학교 일정에 맞춰 회사도 성수기와 비수기로 나뉘었는데, 봄과 가을이 가장 바빴다. 이번 주는 서울, 다음 주는 부산, 그다음 주는 제주도. 주마다 전국을 오가느라 일정은 늘 빠듯했다. 거래학교의 학사일정은 재학 중인 대학교와 같았다. 그래서 출장과 수업이 겹치면 어쩔 수 없이 결석해야 했고, 일과 학업을 병행해야 하는 늦깎이 대학생의 현실을 다시 체감했다.

2학년이 되자 학교 시스템에도 익숙해졌다. 미래융합대학의 장점도 분명했다. 평일에는 온라인 강의가 진행되기 때문에 가는 곳 어디든 강의실이 되었다. 버스, 출장 후 숙소, KTX, 공항, 혹은 카페에서도 수업을 들을 수 있었다. 이해가 되지 않으면 두세 번 반복해 볼 수 있었고, 잠시 놓쳐도 다시 들을 수 있다는 사실이 큰 위안이었다. 그렇게 출장지를 교정 삼아 배움을 이어 갔다. 꿈꿔 오던 대학 생활의 모습은 아니었지만, 어디에서든 학업은 가능했다. 내가 있는 곳이 곧 나의 캠퍼스였다.

다만, 과제를 수행하는 과정은 쉽지 않았다. 출장에 나서면 보통 밤 9~10시에야 업무가 끝났다. 그러면 직장인 모드는 끄고, 학생 모드로 돌아와 피곤함을 안고 과제를 하는 건 당연한 일상이었다. 1학년 때는 신입생이라는 이유로, 바쁜 업무에 쫓겨 과제를 놓치더라도 어느 정도 이해할 수 있었다. 하지만 2학년이 된 이상, 더 이상은 관대해지면 안 되었다.

누군가 "일과 학업을 병행할 수 있는 방법은 무엇인가요?"를 묻는다면, 단언컨대 "잠을 포기하세요."라고 말하고 싶다. 늦은 시간이더라도 과제를 하다 막히면 단톡방에 서슴없이 질문을 올렸다. 그러면 나처럼 잠을 이루지 못하고 과제를 붙잡고 있던 동기들이 답을 해 주었고, 우리는 밤늦게까지 대화를 나누곤 했다. 특히 육아를 마치고 밤에 겨우 공부를 하는 동기와 자주 이야기를 나눴다. 그녀와 나눈 대화는 때로는 과제에 관한 것이었고, 때로는 서로를 버티게 하는 응원이기도 했다.

한번은 동기들에게 물어본 적이 있었다. "과연 우리가 스무 살 제때에 대학에 갔더라면, 이렇게까지 밤을 지새우며 열정적으로 과제를 하고 있을까요?" 우리 늦깎이 대학생들은 합창하듯 "아니."라고 도미노처럼 이어진 대답을 하며 한바탕 웃음으로 잠시나마 피곤을 이겨 냈다. 그렇게 우리는 저마다의 방식으로 밤을 견디며 학업을 이어 갔다.

인천으로 이사한 언니는 집 근처 다른 대학교로 편입을 고민하기도 했다. 하지만 동기들, 교수님과의 인연을 이어 가고 싶다는 마음에, 주말마다 KTX를 타고 전주를 오갔다. 경제적, 체력적으로 쉽지 않은 일이었기에 함께 편입 과정을 찾아보며 이야기를 나누기도 했지만, 언니는 혼자 여행하는 기분으로 학교에 온다며 늘 긍정적인 모습을 보여 주었다. 우리는 그런 언니를 같은 마음으로 응원했다.

학교에서 배운 것들을 업무에 활용하면서 회사 능률도 오르고, 빠르게 능력을 인정받는 건 기쁜 일이었다. 하지만 학기마다 성수기 출장과 겹치면서 점점 지쳐 갔다. 2학년 1학기를 마치고 긴 여름방학을 맞을 때는 휴학을 고민했다. 그토록 바라던 대학교에 다니고 있는데, 왜 이 상황을 버티지 못할까 하는 자책이 밀려왔다.

그런 생각에 휩싸일 때마다 떠오르는 건 역시 동기들이었다. 단톡방에 누군가 "너무 힘들어요."라는 한마디만 남겨도 서로의 마음을 다 알 수 있었다. 우리는 서로 용기를 주고 다독이며 "욕심부리지 말고 같이 잘 버텨서 무사히 졸업하자."는 다짐을 했다.

1학년 때 점심을 가끔 함께했던 선배들의 멘토링도 기억에 남았다. "어때? 할 만해?"라는 질문에 우리의 고충이 말로 나오기도 전에 표정만 보고도 아는 듯 조언이 이어졌다. "딱 2학년까지만 버텨 봐. 그러면 3, 4학년은 금방 지나가. 우리도 똑같았어. 그리고 서로를 누구보다도 잘 이해하는 건 동기들뿐이야. 그러니까 서로 잘 도와줘야 해." 선배들의 말은 가장 필요했던 위로이자 격려였다.

학교를 다니면서 불만이 전혀 없었던 건 아니다. 똑같은 등록금을 내고 다니면서도 학교의 무언가를 제대로 누리지 못한다는 느낌이 있었다. 하지만 시간이 지날수록 성인학습자들을 위한 시설이 생기고, 프로그램이 늘어났다. 그 또한 먼저 이 길을 걸었던 선배들이 우리를 위해 개척한 노력임을 느낄 수 있었다.

그즈음 졸업 학점을 빠르게 이수할 수 있는 방법을 찾아보기 시작했다. 계절수업, 특별학점제, 학습경험 학점인정, 전공 간 인정과목 등 하나둘 알아낸 정보를 동기들과 공유했다. 매주 인천에서 학교를 오가는 언니는 특히 큰 관심을 보였고, 우리는 함께 졸업까지 남은 시간들을 계획해 나갔다. 가장 힘들었던 '과제 지옥'을 벗어나기 위해, 내용이 비슷하거나 주제가 맞닿아 있는 과목들은, 교수님들의 허락을 받아 두 과목을 연결해 진행하면서 과제에 쏟는 시간을 효율적으로 쓸 수 있었다. 덕분에 중복된 노력을 줄일 수 있었고, 동시에 두 과목에서 배운 내용을 더 깊이 있게 이해할 수 있었다.

전공 필수인 '문화유산과 콘텐츠' 수업은 평소 관심 분야이자 회사 업무와도 관련이 있어 실제로 많은 도움이 되었다. 청소년들과 수학여행을 자주 다니면서 우리나라 문화재를 더 관심 있게 들여다보았고, 국가유산을 어떤 방식으로 응용해 콘텐츠화할 수 있을지 기획해 보는 시간을 보냈다.

기말 과제는 '관심 있는 국가유산의 공모전 또는 사업을 한다'는 가정 아래 사업 계획서를 작성해 발표하는 것이었다. 관심사를 고민하며 자료를 찾다가 '대학생 유네스코 인류무형문화유산 홍보 아이디어 경진대회'를 알게 되었다. 제출 기간이 기말 과제와 겹쳤기에 이왕이면 실제 공모전에 도전하자는 마음으로 과제를 준비했다. 마침 뜻이 맞는 아이 엄마인 동기와 팀을 이뤄, 약 2주간의 시간을 정해 각자 컴퓨터 앞에 앉아 새벽까지 대화를 주고받으며 기말 과제 겸 공모전 준비를 했다. 공모전에서 성과는 없었지만, 과제는 좋은 점수를 받았다.

이런 방식으로 과제를 수행하니, 더 이상 과제가 큰 스트레스는 아니었다. 오히려 배움의 과정이 즐겁게 느껴졌고, 성적도 좋은 점수를 유지할 수 있었다. 전공 필수 과목을 모두 이수한 뒤에는 원하는 전공 수업을 선택해 시간표를 짜면서 점차 관심사를 알게 되었다. 비록 늦게 알게 된 과정이었지만, 배움 속에서 나를 새롭게 발견하고 있었다. 그리고 이 배움의 길은 단순한 학점에 그치는 것이 아니라, 삶과 일을 이어 주는 힘이 되어 주고 있다. 그것은 또 다른 도전을 준비하는 원동력이 되었다.

미래의 나:
계속되는 도전

3학년이 되면서 제법 '선배미'가 나는 순간들이 있었다. 아직 배울 게 많지만, 지난날의 나처럼 고충을 겪는 후배에게 방법을 공유하고 정보를 나누면서 선배로서 멘토링을 해 주었고, 동기들 사이에서도 질문에 막힘없이 답을 해 주며 경험을 나눌 수 있었다.

학교의 시스템도 한차례 변동이 있었다. 우리 학과는 다른 학과와 통합되어 '미네르바학부'가 되었고, 새로 입학하는 학생들은 두 개의 전공 중 하나를 선택할 수 있다. 또한 화, 목 야간 수업이 늘어나며 수업 환경도 달라졌다.

동기들의 상황에도 변화가 있었다. 귀여운 막내 동기는 복수전공을 시작했다. 평일에는 일반 학생들과 수업을 듣고 오후에는 아르바이트를 하며, 주말에는 우리와 함께 수업을 들었다. 힘든 과정이지만 아직 20대인 동기에게는 선택지가 많아질 좋은 기회이니 우리는 격려와 응원을 아끼지 않았다. 시간이 흐를수록 막내 동기의 성장하는 모습을 보면서 괜스레 내가 더 뿌듯함을 느꼈다.

가장 많은 시간을 보낸 아기 엄마 동기는 결국 꿈을 따라 다른 학교 간호학과 편입에 도전해 합격을 했다. 우리 학교를 자퇴했다는 말에 아쉬웠지만, 육아와 학업을 병행하며 오랜 고민 끝에 내린 선택임을 알기에, 동기의 힘찬 발걸음을 응원하는 마음이 훨씬 컸다.

나 역시 늦게 시작한 학업의 시간을 더욱 의미 있게 보내고 싶었다. 시작은 '대학 졸업장'을 얻는 것이 목적이었으나, 점점 동경해 오던 '대학 생활'을 즐기기 위해 학년 제한 없이 전공과목을 선택했다. 그렇게 또다시 업무의 성수기와 함께 3학년 1학기가 시작되었고, 나는 목요일 야간에 2학년 수업인 홍교훈 교수님의 '로컬문화자원탐색' 수업을 수강했다. "3학년이 왜 이 수업을 들어요?"라며 궁금해하는 2학년들과 함께하며 다른 새로운 추억을 쌓았다. '로컬 문화'를 공부하는 것은 재미있었다. 살고 있는 익숙한 공간을 다른 관점으로 바라보고, 그 시선에 관심을 가지며, 그 속의 담긴 이야기를 듣고, 새로움을 발견하는 과정은 공부 이상의 의미였다.

그것은 여행과도 닮아 있었다. 다양한 분들이 더 많았던 수업에서 각자의 관점으로 로컬 이야기를 기록하며, 그들의 이야기를 통해 새롭게 인생 경험기를 배울 수 있었다. 잦은 출장으로 현장학습을 많이 참여하지는 못했지만, 종강 파티가 기억에 남는다.

퇴근 후, 고산으로 모여 그곳에서 작은 식당을 운영하는 텃밭 강사님의 이야기를 들었다. 풀이 좋아 일을 시작한 강사님은 풀을 직접 채집하고 알아 갔던 과정과 건강한 로컬 푸드 이야기를 흥미롭게 들려주셨다. 우리는 다양한 풀을 냄새 맡고 만져 보며 비빔밥을 만들어 저녁 식사를 했다. 마치 영화 '리틀 포레스트'를 체험한 듯한 경험이었다. 수업을 통해 '로컬 문화', 즉 사람들의 이야기에 관심이 있음을 선명하게 확인했다. 그래서 앞으로의 학업과 도전도 이러한 관심사를 중심으로 이어 가고 싶다는 생각이 들었다.

토요일에는 원민 교수님의 'ICT콘텐츠기획' 수업과 4학년 전공 심화 수업인 '소셜마케팅 실습'을 함께 들었다. 어떤 기획은 왜 성공했는지, 또 어떤 시도는 왜 실패했는지 다양한 사례를 접하며 콘텐츠 기획을 배웠고, 관점에도 깊이가 더해졌다. 실습 과정에서는 그동안 혼자 고군분투하며 감으로만 시도하던 방식이 왜 기대만큼 결과로 이어지지 않았는지 알게 되었다. 특히 플랫폼마다 다른 특성을 알아 가며 알고리즘의 흐름을 이해하는 전략적 접근 방식을 배워 갔다. 무엇보다 유명한 SNS 채널이 아니더라도, 기획이 좋으면 콘텐츠로서 충분한 가치가 있고, 전달하려는 이야기를 잘 담을 수 있다는 점을 알게 되었다.

이와 함께 원민 교수님의 제안으로 졸업을 앞둔 4학년 선배들과 책을 집필하는 기회를 얻으면서 또 한 번 새로운 도전을 이어 가고 있다. 우리 만학도의 길은 끝이 아니라, 새로운 출발점임을 몸소 증명해 가고 있다.

나에게는 아직 1년의 학업 시간이 남아 있다. 3학년 2학기가 되어 안선우 교수님의 '디지털스토리텔링 실습' 수업을 통해 글쓰기의 심화 과정을 배우고 있다. 지난 학기의 '로컬문화자원탐색' 수업에서 익숙한 나의 공간을 새로운 시선으로 바라보는 법을 배웠다면, 이번 학기에는 그 '공간'을 이야기로 확장하는 방법을 배운다. '공간에세이'라는 과제를 통해 글을 또 한 번 써 보는 과정은 또 다른 시도이자 배움이다. 나의 이야기가 조금씩 더 깊어지고 표현이 풍부해지는 느낌을 받으며, 앞으로 하고 싶은 이야기의 방향성도 더욱 분명해지고 있다.

내 인생의
두 번째 페이지

나에게도 '마흔'이라는 숫자가 다가오고 있다. 모든 게 뜻대로 되지 않았던 19살의 여름은 성인을 기대하는 설렘이었고, 가장으로서 현실이 너무 버거웠던 29살의 여름은 과감한 선택으로 나를 회복하는 순간이었다. 그리고 39살의 여름은, 인생 제2막을 기대하며 여전히 새로운 도전을 이어 가는 내가 있다.

한 살 한 살, 나이가 쌓일수록 제대로 된 무언가를 이뤄 낸 게 없다는 생각을 한 적도 많았다. 생계를 위해 업종을 옮겨 다녔던 과거의 선택들은 남들이 보기엔 '정체성 없는 다름'으로 보였을지 모르지만, 내게는 모두 레벨 업의 과정이었다. 또래와 조금은 다른 시간을 살아 온 나를 설명하기 위해, 과거의 이야기를 끄집어내는 건 큰용기가 필요했다.

이 글을 시작하기 전, 지난 시간을 쭉 되돌아보기 위해 출판사 대표님의 조언에 따라 인생의 곡선을 그려 보았다. 지난 시절, 내가 했던 선택들의 의미를 되새겼다. 그때마다 나를 지탱해 준 터닝 포인트들이 있었다. 그저 갇힌 다람쥐 같았던 나를 지켜봐 주는 어느 한 사람의 크리스마스 선물과 같은 여행을 통해 마주한 질문들이 있었기에, 세상을 바라보는 시선이 더욱 섬세해졌고 궁금해졌다. 그렇게 인생에 또 한 번의 긴 여행으로 전환점을 마주하며 주체적인 시간을 보낼 수 있었다. 무모하게 창업을 선택한 결정도 있었으며, 늦었지만 다시 시작한 배움까지 그 모든 다양한 경험이 모여 지금의 나를 만들었다.

나이마다 각자의 '때時'가 있다고들 한다. 체력의 한계에 부딪히거나 이해가 어려운 순간마다 또는 새로운 것을 발견했을 때마저도, '조금 더 일찍 했더라면'이라는 아쉬운 감정이 뒤따르기에 "이제는 늦었다."라고 말하는 사람들도 많다. 하지만 늦게나마 새로운 도전을 하고 있는 사람으로서, 그리고 함께 학업을 이어 가는 늦깎이 대학생들을 보면서 그 말을 조금 바꿔 이야기하고 싶다. 무언가를 시작 못할 나이는 없으니, 늦어도 괜찮다는 마음을 지닌다면, 원하는 것을 분명히 얻을 수 있을 거라고.

모든 순간의 선택은 찰나이며, 가 본 적 없는 미래는 누구에게나

불완전하고, 새로운 도전은 두려움으로 가득하다. 사실 나는 여전히 앞날을 고민 중이다. 콘텐츠를 기획하는 일에도 끌리고, 로컬 문화를 더 깊이 탐구하고 싶은 마음도 있다. 여행의 경험을 살려 새로운 일을 해 보고 싶기도 하고, 글을 쓰는 과정이 또 다른 길을 열어 줄 것 같기도 하다. 아직 방향이 완전히 정해지지 않았지만, 분명한 건 배움을 멈추지 않는 한 또 다른 도전을 이어 갈 수 있다는 것이다. 늦게 시작했지만 그래도 괜찮다는 우리 만학도의 마음은, 가치 있는 삶의 도전이라고 생각한다.

미래가 아직도 여러 갈림길 위에 놓여 있지만, 나는 계속해서 스스로를 응원하고 도전하며 끝나지 않은 다음 페이지를 채워 나갈 것이다. 그리고 앞으로의 그 모든 선택은 '행복한 나'를 향해 가는 여정이 될 것이다. 매 순간 갈림길에서 고민하는 누군가에게, 나의 이 모든 이야기가 작은 공감과 위로가 되었으면 좋겠다. 나아가 스스로를 믿고 용기를 내어, 자신만의 다음 페이지를 써 내려가길 바란다.

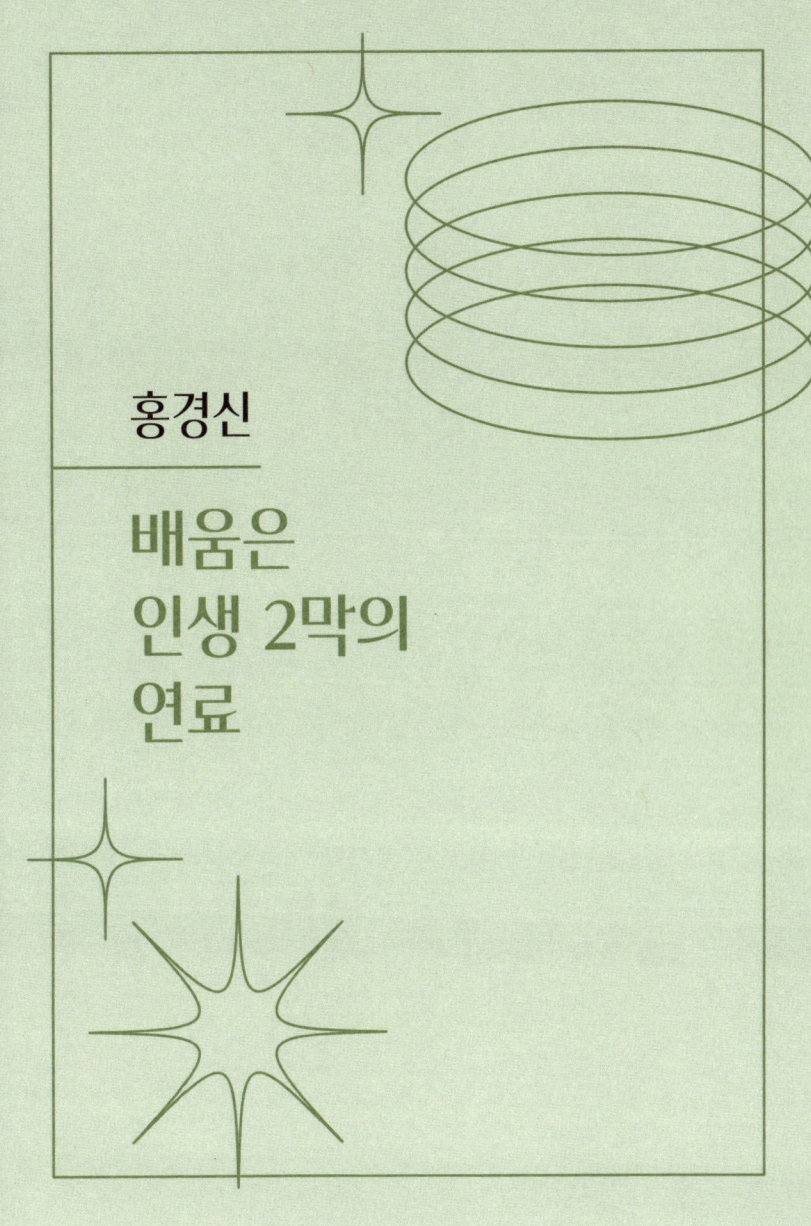

홍경신

배움은
인생 2막의
연료

원두막의 기둥처럼
든든한 아빠

내가 태어난 임실 운암의 집 앞에는 깊은 호수가 있었다. 어릴 때는 그것이 바다인 줄 알았다. 뒤에는 마음먹어도 오르기 힘든, 그래서 한 번도 올라 본 적 없는 산이 있었다. 산으로 둘러싸인 포근한 마을 운암이 내 고향이다.

도시에 나가려면 배를 타거나 높은 산을 넘어 버스를 타야 했다. 10여 가구가 옹기종기 모여 있는 마을에는 젊은 부부가 다섯 쌍 정도 있었던 것 같다. 그만그만한 살림에 그만그만한 아이들. 동네는 아이들 소리로 항상 시끌시끌했다. 그런 자그마한 동네에서 유년 시절을 보냈다.

집 주위를 둘러싼 나무를 보면 아빠의 사랑을 고스란히 느낄 수 있었다. 사과, 배, 감, 대추, 자두, 앵두, 포도, 딸기, 오가피 등 아빠는 열매를 먹을 수 있는 나무란 나무는 모두 심으셨던 것 같다. 그렇게 자연에서 고스란히 얻은 수확물을 어린 우리에게 주전부리로 먹이셨다. 하지만 공짜는 아니다. 아빠가 거름을 아끼지 않으며 나무를 정성스레 돌보셨으니 말이다.

시골에서는 때가 되어야 먹거리를 얻을 수 있다. 지금은 마트에서 맛 좋은 밤을 바로 사 먹을 수 있다. 하지만 모든 것을 자급자족해야 하는 시골에서 바로 얻어지는 것은 없다. 봄이 되면 달콤하게 풍기는 밤꽃 냄새와 밤꽃 주위의 윙윙거리는 벌의 풍경을 보면서 밤알이 영그는 시간을 보내야 한다. 그리고 난 후에야 단단하고 고소한 밤을 입에 넣을 수 있다.

채소전을 먹으려 해도 미리 부추 씨를 뿌리고, 함께 넣으면 좋은 양파도 심어야 한다. 그것들이 자란 후에야 밭에 가서 부추를 베고, 양파를 캐면서 재료가 준비된다. 이후 채소를 다듬고, 씻어야 하며 반죽도 하고, 프라이팬에 기름을 두르고 지져야 한다. 곁들일 간장에 도 양념들을 넣으며 공을 들일수록 맛이 난다. 이렇게 완성된 전을 쟁반에 담고 젓가락을 챙겨 부엌을 나선다. 만드는 시간만도 반나절 이 지나는 과정이다.

시골에는 돈으로 살 수 없는 것 천지다. 모든 것이 손끝을 거쳐야 이루어진다. 그렇게 자연 속에서 서두르지 않고 오늘 하루를 착실하게 살아가는 법, 때를 기다리는 법을 배웠다.

떠오르는 여름의 풍경이 있다. 부모님은 선산의 꼭대기에 밭을 일구어 농사를 지으셨다. 지금 생각해 보니 강원도 고랭지 배추밭 같은 분위기였다. 끝이 보이지 않던 넓은 밭. 그렇게 많은 땅을 밤낮없이 부지런히 일구셨다.

아빠는 밭 근처에 손수 원두막을 만들어 주셨다. 이글거리는 태양 아래 땅을 파고 말뚝을 박고 무거운 통나무를 옮기고 자르면서 원두막을 지으신 거다. 산이라 풀이 많고 벌레와 뱀이 있었기 때문에 원두막은 2층이었다. 아빠가 얼마나 고되게 원두막을 완성하셨을지 가늠할 수도 없던 어린 시절, 우리 삼 남매는 그곳에서 노는 게 마냥 좋았다. 아마 아빠도 우리가 그곳에서 시간을 보내는 것을 보아야 마음이 편하셨던 것 같다.

아이들이 심심할까 봐 아빠는 버려진 그물을 이용해 그물 침대도 제작해 주셨다. 살랑살랑 불어오는 바람을 맞으며 우리는 매일 그곳에서 낮잠을 잤다.

아빠와 달리 엄마는 '까도녀'였다. 도시에서 나고 자란 '까다로운 도시 여자'였던 엄마는 운암으로 시집을 갔다. 아빠의 생활력이 좋아 보였다고 했다. 엄마의 기대처럼 아빠는 가족을 목숨처럼 살뜰하게 챙기고 지켜 내셨다.

엄마는 혼자 보내는 노년을 감히 상상하셨을까? 더부룩한 속이 불편해서 찾은 병원에선 담도암이라는 진단을 받으셨다. 생존율이 5%도 되지 않는다는 암을 진단받은 것이다. 아빠는 항암 치료보다는 운동하며 좋은 음식을 드셨고, 하고 싶은 것들을 하면서 하루하루 지내셨다. 그리웠던 고향을 엄마와 걸어서 다녀오기도 하셨다. 아빠와 마지막으로 다녀왔던 해남 땅끝마을의 추억도 기억한다. 2009년 3월 아빠는 그렇게 우리 곁을 떠나셨다. 아빠의 손길이 닿은 원두막의 기둥처럼, 가족을 지켜준 든든한 버팀목이 되어 주셨던 아빠를 기억하고 사랑한다.

시부모님이라는
억만금의 인연

대학을 졸업하고 2년의 직장 생활을 하고 나서 결혼을 했다. 그렇게 나의 또 다른 인생이 시작되었다. 남편은 언제나 자신감이 넘치는 사람이었다. 그래서일까. 그런 모습에 남편에게 끌렸다.

신혼부부인 우리는 넉넉지 않은 형편이어서 시댁에서 생활했다. 사실 시댁도 넉넉하지 않았기에 항상 죄송했다. 아버님은 두 차례의 뇌출혈로 편마비가 있었고, 어머님은 리어카에 마늘을 싣고 전주 시내를 돌아다니며 파셨다고 한다. 이후 몸이 약해져 쉬고 계신 상황이었다.

아이가 태어났고 우리 부부가 일을 하는 동안 시부모님은 아이들을 돌봐 주셨다. 등원과 하원, 현장학습 가는 날, 생일잔치하는 날 등 아이들과 관련된 일은 모두 시부모님의 몫이었다. 퇴근하고 집에 가면 시부모님은 아이들에게 저녁을 먹이고 깨끗하게 씻긴 후 놀아 주고 계셨다.

하루는 아이 책상을 정리하다 서랍 속에서 작은 상자를 보았다. 상자가 축축하기에 뭐가 들어있나 궁금해서 열어 보았다. 상자에는 씻어서 하얀 신김치가 들어 있었다. 아이는 할머니가 반찬으로 주신 맵지 않은 김치가 무척 맛있었나 보다. 그렇게 할머니가 준 김치를 작은 상자 안에 넣어 둔 모습에 웃음이 나왔다. 아이가 넣어 둔 김치는 어머님의 사랑임을 나는 안다.

3년 전 가을 쇠약해지신 어머님은 자리에 누우셨다. 암이었다. 누워 계시는 할머니가 힘들까 봐 옆에서 소곤소곤, 조심조심 낮은 목소리로 이야기하던 아이들의 모습, 적은 용돈을 모으고 모아서 귤 한 봉지를 사 할머니와 할아버지께 인사드리던 따뜻한 마음을 가진 아이들. 아이들은 할머니와 할아버지의 사랑을 지금도 기억한다. 그 마음은 누군가가 억만금을 준다 해도 살 수 없는 유산이다. 시부모님의 내리사랑은 그래서 더 소중하고 감사하다.

용기를 낸 한 걸음

23살에 아이 엄마가 된 나는 옷을 살 때 결혼 전과 다르게 '꼭 필요할까?'라는 생각을 하게 되었다. 마트에 갈 때도 내 것보다 아이의 것을 하나 더 집어 들었다.

아이가 어릴 때 처음으로 사 주었던 사운드북을 아직도 간직하고 있다. 이사를 갈 때마다 짐을 정리하며, 그 시절 넉넉하지 않았지만 아이에게 주고 싶어 했던 그때를 책을 보면서 생각한다.

유아교육을 전공했기 때문에 영유아기가 인생에서 정말 중요한 시기임을 알고 있다. 그래서 아이가 생기면 해 주고 싶은 것들이 많았다. 저녁을 먹고 "오늘은 어떤 책을 읽어 줄까?"라며 책장에서 책을 꺼낸 후 아이를 눕히고 잔잔한 음악을 들으며 은은한 조명 아래서 다정하게 책을 읽어 주고 싶었다. 하지만 현실에서는 너덜너덜한 보행기처럼 마음이 무너져 갔다.

지인이 주었다는 보행기를 남편이 건넨 적이 있다. 감사한 마음이었지만, 첫아이에게 새것을 사 주고 싶었는데 아쉬움이 가득했다. 문득 생각했다. 이 보행기를 처음으로 탔던 아이는 아마도 이제 초등학생이 되지 않았을까? 두 번째 탔던 아이는 유치원생, 세 번째 탔던 아이는 3~4살 정도 되었겠지? 우리 아이는 몇 번째로 이 보행기를 타는 것일까? 나도 모르게 눈물이 흘렀다.

사운드북조차도 고민하고 사 줘야 하는 형편이다 보니 나에게 쓰는 돈은 모두 사치라는 생각이었다. 세상과 소통하는 것도 낭비인 것처럼 느껴졌다. 그렇게 2년 정도는 세상과 단절하다시피 살아갔다. 가끔 연락하던 친구들과도 자연스럽게 멀어졌고, 그렇게 스스로를 고립시켰다.

큰아이가 15개월이 되었을 즈음 세상의 문을 두드렸다. 예전에 하던 유치원 교사로 취업을 했다. 일을 다시 시작해야겠다고 결심했을 때 가장 먼저 떠오른 감정은 설렘이 아니라 두려움이었다. '다시 일을 할 수 있을까?' 오랜 기간 집에서만 머문 탓에 세상과 단절된 것 같았다.

세상은 정말 빠르게 변하고 있었다. 혼자 뒤처져 버린 것 같고, 사회라는 거대한 무대 위에 설 자신이 없었다. 그러나 다시 일을 시작한다는 건 단순히 직장으로 돌아가는 것이 아니라 나 자신을 회복하는 일이었다.

첫 출근길은 각별히 기억에 남는다. 결혼 전에 입었을까? 오래된 출근복을 챙겨 입고 거울 앞에 서서 스스로를 낯설게 바라보았다. 화장을 하면서도 '이것이 맞는 걸까? 이래도 될까? 아이를 두고 일하는 것이 맞나?' 여러 생각이 머릿속에 떠올랐다.

집을 나선 발걸음은 무거웠지만, 오랜만에 들이마시는 세상 속 공기에 순간 가슴이 뛰었다. 버스 창문에 비친 모습은 아직도 어리바리했고 불안해 보였으며 손은 차갑기까지 했다. 문을 열고 들어선 어린이집. 다시 두려움이 밀려온다. 새로운 동료들, 낯선 분위기 그리고 오랫동안 멀어져 있던 일들.

처음 한두 달은 적응에 전념하느라 몸은 녹초가 되었다. 이리저리 둘러보고, 물어보며 일이 익숙해졌다. 아마도 아이를 키우면서 배운 '인내'라는 것이 적응을 도운 듯하다.

그렇게 시간이 흘러갔다. 서툴던 손길은 차츰 능숙해졌고 목소리도 점점 자신감을 찾아 갔다. 동료들과도 서로의 차이를 인정하고 보폭을 맞추면서 같이 걷게 되었다. 무엇보다 일을 하면서 비로소 내가 단순히 '아이의 엄마'가 아니라 '나 자신'으로서도 살아갈 수 있음을 깨달았다.

가족들의 반응도 불안감에서 지지하고 응원해 주는 쪽으로 변해 갔다. 그렇게 아이와 나는 엄마가 집을 비운 시간 동안 조금씩 더 단단하게 자라났다. 어쩌면 용기를 내 집 밖으로 걸어 나온 순간 아이 역시 독립을 배우고 있었는지도 모른다.

돌이켜 보면 그때의 선택은 삶의 전환점이었다. 두려움에 주저앉았다면 나는 아마 지금도 세상과 단절되었다는 생각에 자신감을 잃어버리고 있었을 것이다.

출발은 어렵다. 하지만 출발의 순간에 필요한 건 완벽한 준비가 아니라 작은 용기 하나뿐이다. 두려움은 나를 멈추게 했지만, 첫걸음은 나를 다시 살아나게 했다. 다양한 역할 속에 나는 한 사람으로 나를 회복하고 있었다.

10년의 사업 끝에
얻은 교훈

아이가 자라면서 나도 함께 자랐다. 아이가 유치원생이면 나도 그에 맞는 생각을 한다. 아이가 초등학생이면 그에 맞는 생각을 하며 주위를 살핀다. 아이가 더 자라 사춘기가 되면 부모는 더 깊이 고민을 한다. 어떻게 아이에게 좀 더 나은 내일을 그려 줄 수 있을까?

작은아이까지 초등학교에 진학하자 조금 더 넓은 시야가 필요하다고 생각했다. 그래서 근무하던 유치원을 그만두었다. 당시 남편은 큰형님이 하고 있는 만두 사업을 이어 갔고 나도 그 일에 합류했다. 그렇게 자영업자가 되었다. 그러면서 그동안 갈 수 없었던 아이들의 학교 행사에 하나둘 참여했다.

처음 만두를 시작했을 때 우리 부부는 작은 희망으로 가득했다. 직접 만든 만두를 손님들에게 내놓으면 맛있다며 웃어 주는 얼굴이 큰 힘이 되었다. 밀가루 반죽을 하고 소를 넣는 것은 단순한 노동이 아니라 꿈을 빚어내는 과정이라 생각되어 그렇게 즐거울 수 없었다.

매일 만들어야 했기에 날마다 아침이면 식재료를 준비하고 만두를 만들었다. 이와 함께 집집마다 방문하는 서비스도 시작했다. 처음에는 발길이 뜸했지만, 차츰 손님이 늘었다. 포장해 가 나누어 먹었다는 손님, 맛있다고 칭찬하며 이웃에게 우리 만두를 소개해 주는 손님들이 생겼다. 다양한 손님과 만나는 일이 즐거웠다.

더 좋은 만두를 만들고 싶다는 열정이 생겨났지만 입소문만으로는 한계가 있었다. 세상은 오프라인에서 온라인으로 빠르게 옮겨 가고 있었고, 우리도 그 물결에 올라타야 했다. 남편은 "블로그를 배워서 운영해 보는 거 어때?"라는 말을 듣고 블로그를 시작했다. 서툴지만 스마트폰으로 사진을 찍고, 손님과의 대화를 올려 보았다. 그렇게 '아만두'만의 이야기를 전하기 시작했다.

"아빠가 만드는 만두, 아만두! 아빠는 열심히 냉장고를 청소하네요. 깔끔한 아빠는 오늘도 바쁘답니다."

나도 남편의 냉장고 청소 모습을 소개하며 하나의 글을 발행했다. 글들은 소소한 일상의 이야기로 꾸며졌다. 만두를 준비하는 과정과 진솔한 이야기를 진심을 담아 썼다.

블로그는 또 다른 도전이었다. 사진을 찍어야 했고 글을 써야 했다. 꾸준히 하다 보니 단순히 광고를 넘어 사람들과 마음을 나누는 창구가 되어 주었다. 온라인을 보고 처음 찾아온 손님들이 가게에 들어섰을 때, "블로그 보고 왔어요."라는 말은 큰 기쁨이었다.

세상은 하루가 다르게 변해 간다. 어느 순간 또 다른 흐름이 밀려 왔다. 주식, 코인, 새로운 재테크 열풍이 모든 대화의 화두가 되었다. 남편도 나도 흔들렸다. 남편과 함께 논의 끝에 일부 자금을 투자하기도 했다. 당시에는 시대의 흐름을 읽었다고 생각했지만, 사실은 헛된 꿈이었는지도 모르겠다. 결국 남은 것은 허탈감과 깊은 후회뿐이었다.

사업은 점점 무거워졌다. 만두를 빚는 손끝은 여전히 성실했지만, 마음은 지쳐 갔다. 장사란 결코 단순한 일이 아니었다. 재료비, 경쟁, 세금, 여기에 생활비까지 매일같이 풀어야 할 숙제가 쌓였다.

어느 순간 우리는 결정을 내려야 했다. 10년 가까이 운영하던 '아만두'를 닫기로 했다. 마음 한구석이 쓰라렸다. 함께 꾸려 온 시간, 쌓아 온 정성, 손님들과의 추억이 주마등처럼 스쳤다. 그러나 동시에 안도감도 있었다. 억지로 버티는 대신 이제는 내려놓아야 한다는 사실을 인정한 것이다.

돌아보니 '아만두'는 단순한 실패가 아니었다. 사업 기간은 하나의 긴 배움의 과정이었다. 함께 땀 흘리며 때로는 눈물을 흘리며 견디어

낸 시간들, 그로 인해 서로를 더 깊이 알 수 있는 시간이었다.

블로그를 운영하며 배운 글쓰기와 소통의 경험도 삶에 큰 자산이 되었다. 코인 열풍 속에서의 실수는 쓰라렸지만, 그 덕분에 쉽게 얻는 돈에는 쉽게 사라지는 가치가 있다는 교훈을 얻었다.

'아만두'는 끝이 났지만, 그 속에서 얻은 것은 사라지지 않았다. 성실의 힘, 관계의 소중함, 그리고 흔들리지 않는 가치. 그것이 결국 인생의 자산이 되었다. 이제는 성공은 돈으로만 정의되는 것이 아니라는 것을 안다. 실패 또한 끝이 아니라 또 다른 출발이 될 수 있다는 것을 깨달았다. '아만두'에 담았던 우리의 꿈은 가게 문과 함께 닫혔지만, 그 꿈에서 얻은 배움은 여전히 내 안에 자리하고 있다.

기록은 남는다,
블로그 글쓰기

꾸준하게 하는 것들이 있다. 그중 하나는 블로그 글쓰기. 일주일에 두어 번 블로그에 기록을 남긴다.

블로그는 '아만두'를 운영할 때 남편의 권유로 시작했다. 지금도 블로그는 일상이 되어 특별한 날, 일상, 할 것 없이 무엇을 기록할까 생각하는 것이 습관이다.

만두를 판매할 때는 만두 관련 글을 적었기에 별다른 어려움이 없었다. 만두를 알리는 것이 목적이었으니 말이다. 하지만 사업을 정리하니 정체성이 모호해졌다. 무엇을 기록할까?

생각 끝에 일상을 하나둘 기록하기 시작했다. 아무렇지 않은 일상을 소개했다. 아이들과 밥 먹는 일도 기록한다. 아이가 학교에서 만들어 온 자그마한 액자도 사진 찍고 글을 적었다.

기록은 남는다. 내가 없어도 나의 손길과 생각이 담긴 기록은 남을 것이다. 할 일이 없을 때는 주변을 둘러본다. 전주에 관심 가는 행사나 프로그램이 있으면 당장 달려간다. 그리고 사진을 찍는다. 동영상도 찍어 본다. 남기려고 찍는다.

어제와 다를 것 없는 하늘에도 매번 다른 모양의 구름이 생긴다. 생각해 보니 같은 날은 하루도 없다. 그래서 어제와 다른 오늘을 무심코 찍고 짧은 글을 쓴다. "이웃님들은 아침형 인간인가요? 저녁보다는 아침형 인간이 건강에는 좋다고 하죠." 이렇게 시작하는 글을 보고 블로그에 찾아오는 이웃도 늘었다.

다이어트를 시작한 날은 운동하는 영상을 찍고 '짤'을 만들기도 했다. 기록이 쌓일수록 욕심도 생겼다. 블로그의 콘텐츠를 수익화하는 방법이 없을까? 그러다 체험단을 알게 되었다. 체험단은 특정 업체의 요청을 받고 그곳의 콘텐츠를 직접 체험한 후 후기를 블로그에 올리는 활동이다.

모집 중인 체험단에 신청하고 전국 각지를 다녔다. 은공예를 하러 대전에도 갔고, 서핑을 하기 위해 양양에도 갔다. 변산에서는 숙박도 했는데, 돈 들이지 않고 전국을 다니니 즐거웠다. 하지만 좀 더 실질적인 현금화 방안을 찾고 싶었다.

그러던 중 기자단이라는 활동을 알게 되었다. 기자단은 기관이나 단체의 프로그램 등을 취재하고 글로 써서 기사로 발행하는 일을 한다. 그동안 블로그 글쓰기를 하며 연마한 실력 덕분에 2023년에는 7개 정도의 단체에서 기자단 활동을 할 수 있었다.

소상공인시장진흥공단 기자단, 한국언론진흥재단 저작권 지킴이, 국립 해양 예보단, 새만금 컨벤션 서포터즈, 광주 용봉 패션의 거리 기자단, 익산 다다영등 홍보단, 정읍 샘고을시장 서포터즈 등으로 생활하니 하루가 바쁘게 흘러갔다.

다양한 분야의 생소한 이야기들을 취재하고 써야 했기에 공부가 필요했다. 관련 사이트와 관련 도서를 열심히 봤고, 직접 방문해 꼼꼼하게 물어 가며 취재를 했다. 무엇보다 결과물에 신경이 쓰였으므로 사진 잘 찍는 방법, 영상 잘 만드는 방법, 카드 뉴스 만드는 방법 등을 공부하며, 다양한 툴을 다루어 보았다. 1년 정도 활동한 경험이 쌓이다 보니 조금 더 자신감이 생겼다.

지금도 휴일이면 어떤 기록을 남길까 생각한다. 내가 사랑하는 전주는 훌륭한 글감이 되어 준다. 전주는 문화의 도시, 책의 도시이기도 하지만 내가 살고 있으니 이곳의 이야기가 더욱 각별하고 소중하다.

고개를 돌리면 다양한 사람들이 하루를 열심히 살아 일궈 놓은 전주가 예쁘게 자리하고 있다. 그래서 주위를 항상 둘러본다. 그리고 블로그에 사는 곳을 담는다. "전주는 이런 도시예요. 살고 있는 도시는 이렇게 예뻐요."

블로그는 흘러가는 시간들을 내가 할 수 있는 최선의 방법으로 기록하는 소중한 기록장이다.

디지털의 문을 두드리다

체험단, 기자단 등을 했지만 만두 사업을 접은 후 나는 실업자였다. 무엇을 할지 고민하다 아르바이트를 찾았다. 선택지가 많지 않았는데 새벽에 하는 좋은 알바가 있었다. 택배 분류 작업이었다.

오전에는 택배 알바를 했다. 3월 즈음이었는데도 새벽은 추웠다. 집에 돌아오니 손가락이 얼얼하고 붓기도 했다. 시원한 아침 공기가 좋기도 했지만, 결코 쉽지 않은 작업이었다. 레일 굴러가는 소리에 사람들은 목소리를 높일 수밖에 없었다. 현장은 마치 새벽 시장 같았다. 활기가 느껴졌다.

처음에는 허덕이며 진땀을 흘렸지만, 몇 주 지나자 농담도 하면서 눈치껏 일을 해 나갔다. 하루를 빠르게 시작하니 오후 시간은 어떻게 할지 고민이었다. 또 다른 알바를 찾았는데 저녁에 식당에서 서빙을 하는 간단한 일이었다.

그렇게 일을 하면서 중간에 비는 시간에는 디지털 배움터를 방문했다. 지인의 소개로 알게 된 디지털 배움터는 디지털에 취약한 분들이 찾아와 디지털 교육을 받는 곳으로 전국에 있는 기관이다. 전주에도 복지 센터를 중심으로 다양한 교육이 이루어지고 있었다.

'아만두'로 시작한 블로그 덕분에 꾸준히 블로그를 하며 디지털 교육에 관심이 있었는데, 지인이 디지털 배움터 서포터즈나 강사를 지원해 보라고 권유했다. 경로를 탐색해 보고 바로 지원했다. 그렇게 디지털 세상에 문을 두드렸다.

3개월 정도의 시간이 흐르고 새로운 공고를 보았다. 카카오 소상공인 프로젝트에 함께할 디지털 튜터를 모집한다는 내용이었다. 디지털 소통이 어렵고 배우기 힘들어하는 전통 시장 상인들께 디지털 튜터가 직접 방문교육 해서, 그들이 단골손님과 온라인에서 쉽게 소통할 수 있도록 지원하는 카카오 상생 프로젝트였다. 생각할 것도 없이 바로 신청하고 결과를 기다렸다. 합격이었다.

전주 모래내 시장에서 5명이 함께 활동을 했고 나는 튜터 매니저가 되었다. 튜터 매니저에게는 튜터들의 성과를 취합하고 상인회의 채널을 개설하고 교육하는 업무가 주어졌다. 함께 활동한 우리는 시장을 대표한다는 생각으로 작은 것이라도 더 알려 드리려고 노력하고 질문해 가면서 열심히 일을 했다.

상인들은 한자리에서 30~40년의 세월을 보낸 분들이셨다. 디지털로 변화하는 사회의 흐름에 적응하는 것이 그분들에게는 쉽지 않은 일이었다. 실질적인 도움을 위해 사진 찍는 방법부터 상인회 채널 꾸미는 법, 글을 올리는 법, 단골에게 메시지 보내는 방법 등을 안내했다. 돋보기를 쓰고 열심히 따라 하는 분들을 보면 힘이 절로 났다.

우리는 함께 밥을 먹고 차를 마시고 시장의 맛있는 먹거리도 나누어 먹으며 훈훈한 시간을 보냈다. 튜터 매니저 활동 역시 한발 앞으로 나아가는 귀한 걸음이 되었다.

이후 시간이 흘러 튜터로 활동하던 신민경 튜터님의 근황을 접했다. 일을 하면서 학교에 다니고 있다는 소식을 들었다. 어떤 학교인지 궁금해 물어보니 '전주대 문화콘텐츠학과'라는 대답이 돌아왔다. 학과에 관심이 갔고, 어떻게 입학을 하게 되었는지, 어떤 교육과정이 있는지, 수업은 어떻게 진행되는지 궁금한 것이 많았다. 왜 그렇게 학교가 궁금했을까?

그즈음 나는 다른 무언가를 배워야 한다는 생각을 하고 있었다. 이십 대에 배운 것만 가지고 평생직장을 꿈꾼다는 것은 자신에게 미안한 일이다. 평생교육이라고 하지 않던가? 배움에 적당한 나이는 있지만, 꼭 그때에 배움을 이어 가야 하는 것은 아니라고 생각한다.

달걀을 깨면 프라이가 되지만, 스스로 깨고 나오면 닭이 된다고 하지 않던가? 스스로 필요를 깨치고 나아가려는 순간이 최적의 시기인 것이다. 그렇게 새로운 필요를 느끼고 전주대 문화콘텐츠학과의 문을 두드렸다.

나를 움직인 것은
배움에 대한 간절함

아이들은 자라 제자리를 찾아갔다. 아이들은 오늘도 열심히 자신들의 삶을 살아간다. 문득 생각한다. 내 나이 마흔넷! 100세 인생이라면 아직도 56년을 살아야 하는데 지금의 모습으로 그때까지 살아갈 수 있을까?

인생의 2막을 어떻게 열 것인지 고민하기 시작했다. 늘 해 왔던 가정에서의 돌봄과 아이 양육에서 벗어나, 이제는 '나 자신'을 위한 시간을 가져야 한다는 생각이 간절했다. 문제는 전공이었다. 막연히 다시 배우고 싶었지만, 무엇을 전공해야 할지 답을 찾기 어려웠다.

유아교육을 이어 가는 길도 있었다. 그러나 다른 길을 걷고 싶었다. 이미 익숙한 배움이 아니라, 낯설지만 새로운 분야에 도전하고 싶었다. 아이를 키우며 쌓아 온 경험은 소중했지만, 그것만으로는 인생 2막을 채우기에 부족하다고 느꼈다. 더 큰 세상을 보고 싶었다. 새로운 지식과 다른 관점으로 삶을 확장하고 싶었다. 그래서 전주대학교 문화콘텐츠학과의 문을 두드렸다. 문화콘텐츠학과는 나만의 콘텐츠를 연구하고 실현하며 미래를 준비하는 데 도움이 되는 분야였다.

처음에는 용기가 필요했다. 마흔이 넘은 나이에 학교를 다시 다닌다는 결심은 쉽게 세워지지 않았다. 젊은 학생들 사이에서 위축되지 않을까 하는 두려움도 있었다. 하지만 그보다 더 강하게 나를 움직이게 한 것은 '지금이 아니면 안 된다'는 마음이었다. 내가 찾은 인생 2막의 연료는 바로 '배움'이었다.

그때부터 입학 준비에 돌입했다. 4년 내내 학교에 다녀야 하는 것은 아무래도 부담이라 3학년 편입 과정에 지원하기로 했다. 오랜만에 고등학교와 대학교의 졸업증명서 그리고 성적증명서를 떼니 입시 준비라는 것이 실감 났다.

면접을 볼 때는 당황해 식은땀을 흘렸다. 나와 한 명의 다른 지원자가 함께 면접장에 들어갔는데, 어느 지역 신문의 국장이라는 그는 대답이 청산유수였다. 반면 나는 머릿속이 하얘졌다. 최근에 읽은 책 제목을 묻는 면접관의 질문에 어제 읽은 책 제목조차도 기억나지 않을 정도였다.

기다림 끝에 합격 소식을 들었고, 그때의 설렘은 아직도 잊을 수 없다. 강의실 문을 열던 첫날의 떨림은 다시 젊어진 듯한 기분을 선물해 주었다. 그 순간 알았다. 인생의 2막은 이미 시작되었다는 것을. 그렇게 성인학습자 전형으로 편입을 했고, 어느덧 졸업을 눈앞에 두고 있다.

　처음에는 과연 잘 해낼 수 있을까 두려움이 있었지만, 학교는 나같은 성인학습자들을 배려해 주었다. 토요일 수업 덕분에 평일에는 일과 가정을 챙기고, 주말에 온전히 배움에 몰입할 수 있었다. 또한 온라인 수업은 부담을 덜어 주었다. 덕분에 늦은 나이에 다시 공부를 시작한 나도 포기하지 않고 여기까지 걸어올 수 있었다.

　강의실에서 학우들과 섞여 앉아 수업을 듣는다는 것이 처음에는 낯설고 쑥스러웠다. 하지만 곧 서로의 차이를 존중하고, 함께 배움의 길을 걷는 동료가 되어 마음을 나눌 수 있었다. 교수님들의 격려와 학우들의 응원 속에서, 배움은 함께 성장하는 과정이라는 것을 배웠다.

　졸업을 앞둔 지금, 그때의 결심이 얼마나 소중한 선택이었는지 새삼 깨닫는다. 두려움은 있었지만, 결국 나를 움직인 것은 다시 배우고자 했던 간절함이었다. 그 연료 덕분에 인생 2막을 여전히 힘차게 달리고 있다.

배움은
나를 다시 세우는 힘

오랜만에 다시 공부를 시작했지만, 현실은 만만치 않았다. 400만 원 가까운 학비도 걱정이었다. 가정과 아이들을 돌보는 일만으로도 벅찼는데, 학비라는 부담까지 어깨 위에 얹히자 마음이 무거웠다. 하지만 감사하게도 국가는 내게 전액 장학금이라는 큰 선물을 주었다. 그 순간 알았다. 여전히 배움을 이어 갈 수 있는 길이 열려 있다는 사실을.

처음에는 국가 장학금이 이렇게 폭넓게 지원되는 줄 미처 알지 못했다. 그 혜택 덕분에 나는 다시 공부할 수 있었고, 지금도 그 점은 마음 깊이 감사하다. 그래서 공부의 시작을 망설이는 분들을 만나면 하는 말이 있다.

"학업에 뜻이 있다면, 주저하지 말고 도전해 보세요. 장학금의 문은 생각보다 넓게 열려 있어요."

학비가 해결되었다고 다른 것이 순탄해진 것은 아니다. 편입생으로 입학했기에 주중 화요일과 목요일 저녁에는 전공 필수 수업을 들어야 했고, 토요일에는 3학년 수업을 병행해야 했다. 주중과 주말을 가리지 않고 학교에 나갔다.

주마다 과제가 주어졌고, 시험 기간에는 정신없이 교재와 강의안을 붙들고 씨름했다. 멍하게 컴퓨터 앞에 앉아 있기를 수십 번 반복했다. 그뿐만 아니라 당시 새롭게 구한 직장의 일과 집안에서의 역할도 감당해야 했으니 입학 후 1년은 눈코 뜰 새 없이 바빴다.

아침에 출근길에 오르면, 머릿속에는 오후 수업에 제출해야 할 과제가 떠올랐다. 밤에는 직장에서 돌아와 책상 앞에 앉아 강의 자료를 정리하며 눈을 비볐다. 피곤했지만 그 과정은 나를 다시 살아 있게 했다.

2년 동안 이어진 시간 속에서 국가 장학금의 혜택을 충분히 누렸다. 때로는 '왜 좀 더 일찍 공부하지 않았을까?' 하는 아쉬움도 남았다. 하지만 이제라도 다시 시작했기에 가능한 길이었다. 포기하고 싶은 날도 있었고, 버겁게 느껴질 때도 있었다. 그러나 그 모든 시간을 견뎌 낸 뒤에 얻은 열매는 달콤했다.

졸업을 앞둔 지금은 안다. 과정은 결코 쉽지 않았지만, 최선을 다했던 치열함이 있었기에 오늘의 내가 있다는 것을. 배움은 단순히 지식을 얻는 것이 아니라, 나를 다시 세우는 힘이었다.

배우며 성장하는 시간들

배움에는 나이가 없다. 전주대학교 문화콘텐츠학과 강의실의 문을 열면, 그 말이 단번에 실감 난다. 20대의 청년부터 60대의 늦깎이 학생까지, 다양한 연령대가 한자리에 모여 같은 주제를 두고 토론하며 배우는 장면은 무척 인상적이다. 도전을 두려워하지 않는 사람들의 모임, 그 속에서 늘 새로운 자극을 받았다.

그렇게 공부하다 뜻밖의 기회를 얻기도 했다. 비학위 프로그램으로 '나만의 AI 노래 만들기'라는 수업을 두 차례 진행하게 된 것이다. 전주 시민을 대상으로 수업 시간에 배웠던 것을 가르치는 일이었다. 평소 수업에서 흥미롭게 만들고 실험하던 것을, 직접 강사가 되어 가르쳐야 했다.

AI의 노래 만들기 프로그램을 사용해 수업을 준비했다. 챗GPT를 활용한 가사를 붙였는데 근사한 노래가 완성되었다.

강단에 선 날, 두려웠지만 동시에 짜릿한 성취감이 느껴졌다. 내가 수업에서 안내한 방법으로 노래를 만들고 좋아하는 시민들을 보니 가슴이 두근거렸다. 동시에 'AI 시대에 발맞추어 이런 도구들을 익숙하게 활용하면 얼마나 유익할까?'라는 생각이 들었다. 작은 시도였지만, 스스로를 새로운 위치에서 바라볼 수 있었던 값진 경험이었다.

그해에는 학술제도 열렸다. 우리 팀은 '있지만 없는 아이들'이라는 주제를 다루었다. 이주 노동자의 자녀들, 법과 제도의 사각지대에 놓여 있는 아이들의 현실을 조사하고 학술제에서 발표했다. 자료를 모으고 기획하며 때로는 학우들과 논쟁도 있었지만, 그만큼 진지한 고민과 성찰의 시간이었다.

발표가 끝나자 "이 문제를 정책적으로 건의해 보면 어떻겠느냐"라며 격려의 말을 해 주신 분도 있었다. 짧은 순간이었지만, 우리의 작은 작업이 누군가의 마음을 움직였다는 사실이 큰 울림으로 다가왔다. '배움은 곧 세상과 연결되는 길'이라는 것을 다시 깨달았다.

홍교훈 교수님과 함께한 수업 공동체 라디오 프로젝트도 나를 성장하게 했다. 학생들이 직접 대본을 작성하고, 콘티를 잡으며, 방송의 흐름을 하나부터 열까지 준비했다. 우리가 준비한 것들이 지역의 라디오에서 실제로 방송되는 프로젝트이니 더욱 열심이었다.

평소 글을 쓰는 데 익숙하다고는 했지만, 라디오 대본은 달랐다. 청취자들이 우리의 콘텐츠를 귀로만 접하는 만큼, 더 간결하고 생생하게 다듬어야 했다. 말투 하나, 쉼표 하나에도 신경을 쓰다 보니 글이 어떻게 살아 움직이는지 새삼 느낄 수 있었다.

준비가 끝나고 디제이가 마이크 앞에 앉았을 때는 심장이 쿵쾅거렸다. 불이 켜지고 '지금부터 생방송을 시작합니다'라는 신호가 떨어지는 순간, 손끝이 떨릴 만큼 긴장되었다. 동시에 묘한 설렘이 찾아왔다. 내가 준비한 대본이 그대로 목소리가 되어 전파를 타고 나간다는 사실은 말로 다 할 수 없는 짜릿한 경험이었다.

그날 나는 잠시 PD가 되었다. 음악을 고르고, 방송 흐름을 조율하며 프로그램을 이끌었다. 30분의 짧은 경험이었지만, 그 순간만큼은 콘텐츠의 주인이 되어 세상과 소통하고 있다는 확신이 들었다. 그렇게 강렬했던 라디오 제작 경험은, 배움이란 교실 안에서만 이루어지는 것이 아님을 일깨워 주었다.

대학 안에서 누릴 수 있는 경험은 다양했다. 전주국제영화제에서는 '지프지기'가 되어 자원봉사 활동을 하면서 세계 곳곳에서 모여든 관객과 영화인들을 가까이 접했다. 각국의 영화도 만날 수 있었다. 낯선 언어와 문화 속에서 느낀 긴장과 설렘은 삶을 한 뼘 더 넓혀 주었다.

지금은 전주대학교 문화콘텐츠학과 서포터즈로 활동하며, 학과의 소식을 알리고 다양한 콘텐츠를 제작하는 일도 하고 있다. 이런 경험들이 자신감을 키워 주고, 배움의 범위를 교실 밖으로까지 확장시켜 주었다.

이 모든 것을 가능하게 하는 문화콘텐츠학과 수업은 관심사를 확장해 학습할 수 있는 과목이 많았다. 특히 문화유산과 콘텐츠 과목은 평소 지역의 명소를 찾았던 경험이 도움이 되었다.

나는 집에서 에너지를 얻지만, 밖에서도 많은 에너지를 얻는다. 그래서 여행을 좋아한다. 여행은 나를 더욱 겸손해지게 만든다. 내가 가진 것은 주머니 속에 있는 만 원과 휴대폰, 그리고 가방 속의 생수, 손수건, 노트와 펜이 전부다.

밖에서 나는 가진 것이 없는 보잘것없는 사람이 된다. 만나는 모든 사람들은 나에게 새로운 가르침을 건네는 선생님이다. 덕분에 나는 또 하나를 깨닫는다. 그렇게 밖에서 에너지를 얻으며 지역의 명소를 자주 찾으려고 했다.

오늘은 어디로 갈까? 다녀와서는 기록을 남긴다. 기록이 쌓인 공간이 블로그다. 그간 찾아다녔던 지역의 명소와 수업에서 접한 지역을 떠올리며 교수님들의 말씀을 듣는 내내 고개를 끄덕였다.

한국의 문화와 역사에 더욱 관심을 갖게 되었다. 그즈음 여성 국극이라는 소재로 텔레비전에서 방영되고 있던 '정년이'라는 드라마에도 눈길이 갔다.

이제는 학교에서 시작된 호기심을 충족하기 위해 다양한 강연을 듣는다. 이렇게 폭넓게 문화에 관심을 갖게 되며 시선이 확장되는 변화를 체감하는 중이다.

돌아보면 대학에서의 시간은 단순히 지식을 쌓는 일이 아니었다. 강의실에서, 팀 프로젝트에서, 또 교내외 활동 속에서 부딪히고 시도하고 깨지는 과정이 모두 성장의 시간이었다. 배움은 곧 나를 변화시키는 힘이었고, 도전은 나를 확장시키는 통로였다. 배움이 인생 2막의 연료라면, 희망은 그 연료를 태우는 불꽃이다. 그래서 오늘도 희망을 품고 한 걸음 더 나아간다. 작은 걸음이지만, 언젠가는 그 발자국이 나만의 길을 완성할 것이라는 믿음으로.

대학 진학은 나의 가장 큰 약점인 '미루는 습관'을 고치는 힘이 되기도 한다. 해야 할 일을 피하고, 내일로 미루는 동안 놓친 기회가 많았다. 그러나 이제는 안다. 배움이든 일이든, 오늘 하지 않으면 내일도 하지 못한다는 것을. 그래서 다짐한다. 작은 일부터 제때 해내자고. 미루는 습관을 고쳐 나가는 것이야말로, 성장을 이어 주는 또 하나의 힘이 될 것이다.

마음을 키워 가는 시간

어릴 적 부모님은 종종 말씀하셨다.

"누구네 아들은 공부도 잘하고, 누구네 집은 벌써…"

그런 말이 들릴 때마다 마음은 움츠러들었다. 나도 모르게 스스로를 남과 비교하게 되었고, 나는 언제나 남보다 못한 존재인 것만 같았다. 어린 마음은 여리고, 부모님의 한마디는 자존감을 낮추는 무게로 다가왔다. '나는 부족하다, 나는 잘하지 못한다'라는 생각이 자꾸만 마음속에 쌓여 갔다.

그러다 남편을 만났다. 그는 놀랍도록 자신감이 넘쳤다. 특별히 남들과 크게 다른 것도 없어 보였는데, 늘 웃으며 당당하게 세상을 마주했다. 처음에는 신기했다. '나와 크게 다를 것 없어 보이는데, 어쩌면 저렇게 스스로를 믿고 당당할 수 있을까.' 곁에서 지켜보니 그 자신감은 외부에서 오는 게 아니라, 자기 자신을 있는 그대로 인정하고 사랑하는 마음에서 비롯되는 거였다. 남편은 내게 거울이자 배움의 대상이 되었다. 그의 모습은 내가 잃어버린 자존감을 다시 돌아보게 만들었다.

어느 날, 세월호 뉴스를 접했다. 수많은 아이들이 갑작스러운 죽음 앞에 놓였다는 소식은 가슴을 찢어 놓았다. 아이들의 짧은 생에 슬픔이 밀려왔고, 동시에 살아 있는 것 자체가 얼마나 감사한 것인지 절절히 느껴졌다. 죽음 앞에서 삶의 크고 작은 부족함이 무슨 의미가 있단 말인가. 그 사건은 나의 인생을 완전히 다른 시선으로 이끌어 주었다.

이후 자신을 더 사랑하려고 노력했다. 어제보다 나은 오늘을 살아가고 있다는 사실만으로도 충분히 감사한 일이라는 것을 깨달았다. 살아 있는 오늘이 어쩌면 생의 마지막 날이 될 수도 있다는 생각은, 매 순간을 소중하게 여기게 했다. 비교 속에서 움츠러들던 내가 아니라, 오늘을 온전히 사랑하고, 최선을 다해 살아가는 나로 변해 갔다.

자존감은 남과의 비교에서 얻어지지 않았다. 남편의 웃음에서, 세월호의 아픔에서, 그리고 살아 있는 지금 이 순간의 감사에서 다시 나를 사랑하는 법을 배웠다.

비교는 나를 작게 만들지만, 감사와 사랑은 단단하게 만든다. 비교

대상은 남이 아니라, 바로 어제의 나다. 남과 나를 비교하던 시선은 내려놓고, 어제의 나보다 조금 더 나아진 오늘의 나를 바라본다. 그것이 자존감을 지키는 길이고, 감사와 행복을 키워 가는 방법이라는 것을 마침내 깨달았다.

엄마의 레시피를
건넬 수 있겠지

인간은 자연의 한 부분이다. 그렇기에 우리의 삶도 자연스러워야 한다. 하지만 현대 사회에는 부자연스러운 일들이 너무 많다. 인공적으로 만들어진 음식은 입맛을 자극하고, 결국 탈을 일으킨다. 그 부작용 속에서 '자연의 방식으로 사는 것'이 얼마나 중요한지 실감하게 되었다.

건강에 관심을 가지면서 한동안 관련 공부를 이어 갔다. 다이어트 코치를 하면서 건강관리사, 체형관리사 자격증을 따기도 했다. 책으로 배우고, 몸으로 체험하면서 알게 된 사실은 단순했다. 건강을 잃으면 다 잃는다는 말, 그것은 결코 과장이 아니었다.

그래서 다이어트를 시작했다. 식단을 조절하고 운동을 한다는 것, 꾸준히 이어 간다는 것은 결코 쉬운 일이 아니었다. 하지만 꾸준히 실천하면서 13kg 정도를 감량할 수 있었다. 몸이 가벼워지자 마음도 훨씬 밝아졌다. 단순히 살을 빼는 게 목적이 아니라, 먹는 것의 소중함을 새삼 깨닫게 된 시간이었다. 먹은 음식이 곧 나를 만든다는 사실을 알게 되었다. 좋은 음식을 찾아 먹기보다는 나쁜 음식을 먹지 말자고 다짐했다.

운동은 삶을 지탱하는 또 하나의 버팀목이다. 땀을 흘리며 몸을 움직일 때, 자연과 다시 연결되는 기분을 느낀다. 바람을 가르며 걷고, 땅을 딛고 뛰는 그 순간이야말로 가장 인간적인 시간이다.

원민 교수님의 콘텐츠 제작현장 실무수업에서 과제로 만든 채널은 이런 생각을 더욱 단단하게 만들었다. 오래전부터 엄마의 음식을 기록으로 남기고 싶다는 생각을 하고 있었다. 엄마의 음식은 먼 훗날 돈을 주고도 사 먹을 수 없는 음식이 될 테니까. 엄마와 함께하는 '맘스푼'이라는 채널에서 엄마와 시장을 다니고, 집밥을 만들어 먹고, 기록하고, 나누며 콘텐츠를 제작한 것이다.

콘텐츠에 담을 닭볶음탕 요리를 위해 우리는 시골 장에 다니며, 닭을 샀다. 재료를 준비하고 요리하는 생생한 과정은 따뜻한 일상의 대화와 함께 카메라에 담았다. 카메라 앞에서도 '거시기'를 연발하는 엄마. 엄마의 '거시기'는 콘텐츠에 유쾌함을 더했다.

엄마에게 배워 만들어 본 동치미도 기억에 남는다. 동치미는 유산

균이 풍부하고 맛도 훌륭한 건강식이다. 엄마와 동치미를 담그며 요리하는 과정은 세대를 잇는 배움의 장이었다. 언젠가 나도 엄마처럼 요리가 몸에 익으면, 우리 아이들에게 건강한 '엄마의 레시피'를 건넬 수 있겠지. '엄마와 함께하는 맘스푼' 덕분에 하게 된 생각이다.

자연은 늘 곁에 있었지만, 한동안 그것을 잊고 살았다. 그러나 건강을 잃을 뻔한 순간이 나를 일깨웠다. 자연스럽게 먹고, 움직이고, 웃는 것이야말로 바로 건강을 지키는 비결인 것이다. 그리고 그 생각들은 엄마와 함께한 식탁과 나의 땀방울 속에서 여전히 이어지고 있다.

배움의 목적은 무엇일까?

대학에 진학한 뒤 매일 새로운 경험을 해 나갔다. 낯선 사람들을 만나고, 지금까지 접해 보지 못했던 분야를 배우며 시야는 조금씩 넓어졌다. 강의실에서의 토론, 동아리 활동, 학술제와 대외 활동까지. 그 속에서 이어지는 인연은 나를 또 다른 길로 이끌었다. 그만큼 네트워크는 배움의 일부가 되었다. 쌓여 가는 경험 하나하나가 자양분으로 자리 잡았다. 본격적인 공부를 시작한 이후 가끔은 스스로에게 질문한다.

'나는 무엇을 위해 이렇게 배우는 걸까? 무엇을 이루려는 걸까?'

배움의 의미와 목적에 대한 의문은 늘 내 곁을 맴돌았다. 언제까지 배워야 하는지, 지금 배우는 것을 언제쯤 삶에 활용할 수 있을지 고민했다. 현실적인 문제도 있었다. '돈은 언제부터 벌어야 하지?' 이런 물음은 학업을 이어 가는 내내 따라다녔다.

그럼에도 불구하고 주어진 일을 묵묵히 해 나가다 보면 언젠가 길이 열린다는 것을 믿는다. 지금의 공부가 당장 성과로 이어지지 않더라도, 그 과정 속에서 분명히 성장하고 있다는 것도 믿는다. 믿음은 눈앞의 문제를 단숨에 해결해 주지는 않지만, 흔들리는 발걸음을 붙잡아 주는 힘이 된다. 중요한 것은 속도가 아니라 방향이기 때문이다.

그래서 오늘도 희망을 품고 한 걸음 더 나아간다. 작은 발걸음일지라도, 그것이 쌓여 언젠가는 원하는 길로 이어지리라 확신한다. 희망은 꺼져 가는 불씨 같아도 다시 피워 낼 수 있고, 믿음은 보이지 않는 길을 걸을 수 있게 만든다.

결국 내가 지켜야 할 것은 가족의 건강과 안녕이다. 배움도, 일도, 성취도 모두 가족이 건강하고 함께할 때 의미가 있다. 아이들의 웃음과 부모님의 평안, 남편과의 일상적인 대화. 그것이야말로 배우고, 일하고, 살아가는 가장 큰 이유다.

희망은 내일을 향해 나를 움직이게 하고, 믿음은 그 길을 끝까지 걷게 해 준다. 오늘도 희망과 믿음을 붙잡고, 가족과 함께 조금씩 앞으로 나아간다.

오늘의 나는
미래의 나에게 주는 선물

최선을 다해 오늘을 살아간다. 내가 쌓아 올린 오늘이 곧 내일이 되고, 결국 미래가 되기 때문이다. 지금까지 수많은 내일을 바라보며 달려왔지만, 그 모든 내일은 결국 '오늘'이라는 작은 조각들의 연속이었다. 그래서 이제는 내일을 두려워하기보다 오늘을 소중히 여기며 살아가려고 한다.

내 안에는 늘 바라는 내가 있었다. 조금 더 성장한 나, 조금 더 단단해진 나, 조금 더 여유롭게 웃을 수 있는 나. 하지만 그 모습에 가까워지기 위해서는 먼 훗날을 기다리는 것이 아니라 바로 오늘부터 제대로 살아야 한다. 오늘 한 걸음을 내디디고, 내일 또 한 걸음을 이어 갈 때, 비로소 꿈꾸는 나에 도달할 수 있다.

나는 늘 시작을 잘하는 사람이었다. 그러나 끝까지 완주하는 데는 서툴렀다. 책을 펴고도 중간에 덮어 버린 적이 많았고, 계획을 세우고도 흐지부지된 일들이 적지 않았다. 그래서 종종 스스로를 원망하기도 했다. 하지만 중요한 것은 완벽하게 해내는 것이 아니라, 멈추지 않고 이어 가는 것이라는 사실을 깨달았다. 설령 10년이 걸린다 하더라도, 끝까지 시도하는 과정 속에서 나는 이미 달라져 있을 것이다.

삶은 늘 쉽지 않았고, 때로는 뜻대로 풀리지 않았다. 그러나 한 가지 분명한 건, 나를 지탱해 준 건 언제나 '오늘을 살아 내려는 의지'였다는 것이다. 해야 할 일을 미루지 않고, 작더라도 한 걸음을 내디딜 때, 그 발자국들이 모여 인생의 길을 만들어 왔다. 그래서 다짐한다.

"오늘을 성실히 살아 내자. 오늘의 작은 노력 하나가 모여, 내일을 바꾸고, 결국 내가 바라는 미래를 만들어 줄 것이다."

대학교에 진학하면서 자연스레 삶의 화두가 된 '배움' 역시 내일을 바꾸기 위한 오늘의 노력이다. 그래서 배움은 나에게 활력소다. 모르는 분야를 알아 가고 성취해 가면서 느끼는 희열이 있다. 그 희열을 맛보기 위해서 꾸준히 공부하고 노력할 것이다.

배움과 함께 멋진 세상이 펼쳐지면서 이제는 마음만 먹으면 뭐든 알 수 있고, 될 수 있다고 믿는다. 무엇이 되기 위한 공부보다는 도움이 필요한 곳에서 함께하기 위해 공부하고 싶다.

미래는 아직 오지 않았고, 과거는 이미 지나갔다. 우리에게 주어진 건 오늘뿐이다. 그렇기에 오늘을 소중히 안고 살아가는 일이야말로 가장 큰 성찰이자, 가장 확실한 희망이다.

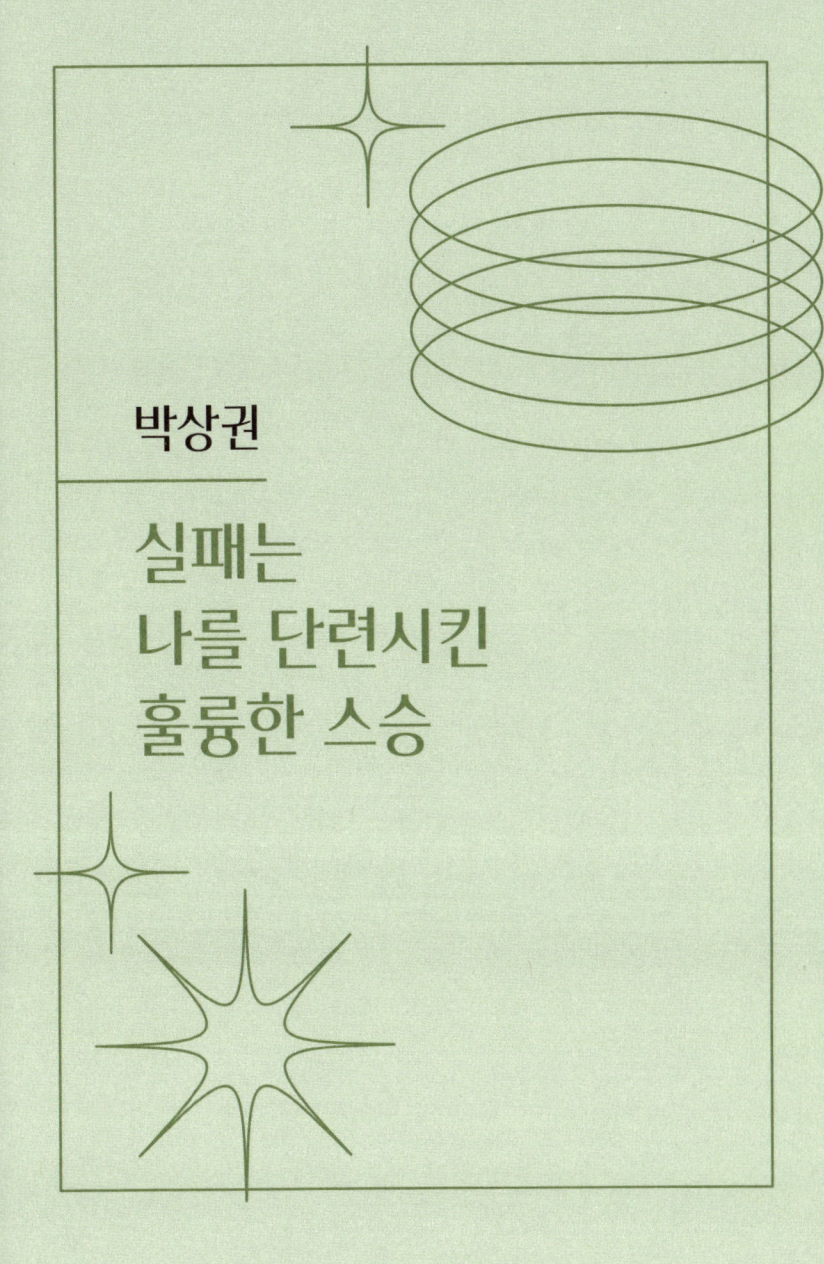

박상권

실패는
나를 단련시킨
훌륭한 스승

대학이라는 멋진 '정비소'

'배움을 멈추는 순간 인생의 성장도 끝나는 것 아닐까.'

50대가 되자 문득 겁이 났다. 더 이상 배우지 않으면 더 이상의 성장도 없을 것이고, 그때는 세상과 단절된 채 살 것이 뻔해 보였다. 절망적인 위기감과 함께 절실한 무언가가 가슴을 울렸다.

그동안 삼십 년 넘게 '패키지 포장' 분야에서 쌓은 경험은 커다란 자산이었지만, 세상이 빠르게 변하는 만큼 나에게도 변화가 필요했다. 그 거대한 흐름 속에서 스스로의 한계를 넘어설 방법을 찾고 싶었다. 그래서 오래전 마음에 품었던 '배움의 꿈'을 실행하기로 결심했다.

변화를 위한 배움이라는 목표를 설정한 후에는 경험을 살려 지식과 기술을 융합해 나만의 콘텐츠를 만들고 싶다는 세부 목표도 세웠다. 그래서 대학 진학을 결심했고, '문화콘텐츠학과'라는 분야를 선택했다. 늘 두려움의 대상이던 인공지능, 빅데이터, 메타버스 등 새로운 디지털 생태계를 배우고, 삶에 적용 지점을 찾으며 꿈을 키우고 싶었다.

50대 중반에 다시 대학생이 되겠다는 것은 결코 쉬운 결정이 아니었다. 하지만 졸업을 앞둔 시점인 지금 돌이켜 보면, 그 선택은 인생에서 가장 값진 용기였다.

바쁜 일상 속에서도 학업을 결심한 것은 단순히 졸업장 때문만은 아니었다. 수십 년 동안 일터에서 마주한 실패와 상처, 좌절의 기억속에서 한때 잊었던 꿈을 다시 마주했기 때문이다. 세월이 훌쩍 흘러도 마음 한편에 남아 있던 희미한 열망은 사그라지지 않았고, 그것이 나를 또다시 책상 앞에 앉게 했다. '앞으로 더욱 성장하고 싶다'라는 간절한 마음이 있었다.

중년에 다시 시작한 공부는 자신을 다시 대폭 설계하는 대공사였다. 변화하는 시대에 맞게 경험을 재구성하고 수정하면서 나는 한층 더 성숙해졌다. 과거보다 훨씬 단단해졌고, 배움을 통해 다시 태어났다.

대학은 현장에서 부딪히며 습득한 '경험'에 '이론'이라는 뼈대를 강하게 세워 주는 소중한 작업장이었다. 수많은 시행착오로 얼룩졌던 발자취에 학문적 이론이라는 틀이 더해지니, 인생의 방향이 자연스레 재정비되었다.

그뿐만 아니라 대학은 깊이 있게 타인과 소통하는 방법을 배우는 공간이었다. 이러한 경험은 사업 현장에서도 많은 도움이 되었다. 고객에게 전달하는 '패키지 스토리'가 더욱 탄탄하고 풍성하며 깊어졌다. 작은 가게를 성장시키고, 브랜드 가치를 높이는 새로운 전략을 고객들에게 분명하게 제시할 수 있게 되었으니 기쁜 일이다.

대학 진학 이유를 묻는 친구에게 이렇게 말한 적이 있다. "지금까지 50년을 살아왔으니, 이제 인생의 반환점에서 여기저기 점검하고 새로운 에너지를 주입해야 해. 그래야 앞으로의 50년도 고장 없이 잘 굴러갈 것 같아." 이처럼 대학은 나에게 멋진 정비소 같았다. 대학은 낡은 생각들을 새 부품으로 교체하고, 새로운 지식과 문화를 배우고 소통하며 공감하는 방법을 배우는 곳이다.

삶에 지쳐 복잡한 세상을 등지고 '자연인'이 될까 고민했던 순간도 있었다. 하지만 살며 사랑하고 배우고 도전하며 성취하는 행복은 그 어떤 것보다 값지다. 행복은 도망친다고 얻을 수 있는 것이 아니라, 삶의 한복판에서 치열하게 부딪히고 노력해서 가지는 것이다.

이 글은 4년간 대학에서 배우고 느낀 것들을 '경험의 언어'로 정리한 것이다. 또한 50여 년의 삶을 살아 낸 내가, 남은 50년을 더 깊고 풍요롭게 살아가기 위해 무엇을 배우고 내려놓았는지에 대한 '자기 성찰의 성장 기록 일지'다. 그리고 새로운 시작이다.

실패를 팝니다

누군가 내게 인생을 숫자로 표현하라라면 망설임 없이 '30'을 꼽는다. 포장 패키지라는 네모난 박스 업계에 몸담은 이후, 어느덧 서른 해가 넘었기 때문이다. 나는 패키지, 디자인, 포장을 하는 자영업자이다. 나에게 포장은 사람의 마음을 담아 전하는 따뜻한 일이다. 그 마음을 지키기 위해 삼십여 년을 노력했다.

그동안 수없이 넘어졌고, 끝이 보이지 않는 캄캄한 터널을 헐떡거리며 지나기도 했다. 초심을 지키기 위해 걸어온 길은 오르막과 내리막이 반복되는 험난한 산길이었다. 세월이 훌쩍 흐른 지금도 책상에서 또 다른 내일을 준비하고 있지만, 현재의 내가 있기까지는 수많은 실패가 아픈 그림자처럼 따라왔다.

내가 전주에 처음 발을 디딘 것은 스물일곱 여름, 군대를 마친 직

후다. 재수, 삼수를 하느라 늦은 나이에 입대를 했고, IMF라는 폭풍이 불어닥치기 직전에 제대를 했다. 그때 사촌 형이 운영하던 회사를 얼떨결에 떠맡았고, 5천만 원이라는 거액의 빚을 지고 사업을 시작했다. 새파란 청년에게 그 돈은 하늘과도 같이 아득해 보였다.

가진 것이라고는 1톤 트럭 한 대와 창고, 젊음뿐이었던 나는 부지런히 일했다. 동이 트기 전 집을 나서 물류 창고를 정리하고, 납품을 하러 가서도 거래처의 창고를 깔끔하게 정리하며 밤늦게 귀가했다.

유통은 하루하루가 전쟁이었으니 당시 나에게는 생존이 유일한 목표였다. 트럭 운전석에 비스듬히 몸을 기댄 채 쪽잠을 자 가며 모든 시간을 바친 시절이기도 하다. 그렇게 땀으로 회사를 일구어 결혼도 했다. 한 가정을 책임져야 하는 가장이 된 것이다. 하지만 간신히 다져 놓은 땅은 얼마 되지 않아 속절없이 흔들렸다. 단단한 줄 알았던 기반은 시대의 거센 파도를 여러 차례 마주했다.

첫 번째 파도는 사업을 시작하자마자 닥쳐온 IMF 외환 위기였다. 뉴스에서 보던 경제 위기가 나에게도 현실이 되리라고는 생각지도 못했다. 믿고 거래하던 거래처들이 하루아침에 부도가 나면서 수억 원을 날려야 했다. 분신 같던 직원들과 정든 트럭까지 정리해야 했을 때의 좌절감은 이루 말할 수 없었다. 모든 것이 원점으로 돌아간, 아니 그보다 더 깊은 나락으로 떨어진 시간이었다.

다시 시작하려니 막막했다. 같이 고민해 줄 사람이나 삶의 방향을 알려 주는 인생 선배가 있으면 좋겠다고 생각했다. 답답한 마음에 멘토를 찾기 위해 여기저기 두리번거렸지만 쉽지 않았다. 그래서 나는 스스로를 멘토로 삼고 실패의 무게 속에서 다시 시작해야만 했다.

그대로 주저앉을 수는 없었다. 인도네시아, 베트남, 중국 지난으로 출장을 다니고 시장조사를 한 후 고민 끝에 중국 소도시에 공장을 만들었다. 중국의 '신태'에는 손 기술이 좋은 인력이 많았다. 그래서 그곳에서 라탄 바구니를 제작하기로 했다. 신태의 공장에서 고급 선물 포장 바구니를 생산했다.

현지에서 의사소통이 어려웠지만 사업은 조금씩 안정을 찾아 갔고, 직원이 200명 넘게 늘면서 공장도 성장했다. 감사하게도 나에 대해 "젊은 사장이 열심히 한다."라는 평판과 소문이 쌓여 갔다. 중국에서는 '꽌시(관계)'가 중요한데, 나는 관광도 가지 않고 골프 모임도 하지 않은 채 일만 하니 주위의 한국 사장님께는 핀잔을 듣기도 했다. 당시에는 성공하기 전에는 골프도, 관광도 하지 않겠다고 결심했는데 그 습관은 지금까지 이어 오고 있다. 물론 지금의 나는 관계가 무척 중요하다는 것도 안다.

외환 위기의 타격 이후 8년이 지나 그 상처가 아물고 공장 규모가 성장해 갈 무렵 두 번째 파도가 밀려왔다. 2016년 김영란법 이후 포장 산업이 대폭 축소되는 시련이 찾아온 것이다. 백화점, 대형마트에 납품하는 고급 선물 포장이 주력이던 사업이 다시 뿌리부터 흔들렸다. 한국에서는 고가 포장 용기가 더 이상 필요하지 않았다.

게다가 30년 만에 내린 폭우로 공장이 물에 잠기는 대참사까지 일어났다. 쏟아지는 빗속에서 둥둥 떠다니는 바구니를 안고 한없이 울었다. 타국의 밤은 길고도 길었다.

결국 창고의 재고와 자재들을 중국 내수 시장에 저렴하게 처리하고 다시 한국으로 돌아왔다. 거래처의 반응을 보니 시장이 좀처럼 좋아질 기미가 없었다. 이후 샘플 개발과 계약을 하러 다시 중국으로 떠나야 했다. 그날도 아들은 곤히 잠들어 있었다. 쌔근거리는 작은 숨소리를 듣자니, 떠나야 하는 발걸음이 천근만근 무거웠다. 차마 깨울 수 없는 아들의 얼굴을 가만히 들여다본 다음, 새벽 4시 어둠이 깔린 고속도로를 달려 공항으로 갔다.

전주에서 중국 숙소까지, 차와 비행기를 번갈아 타며 달린 17시간의 고단한 길. 통통 부어서 터질 것 같은 다리, 쑤시는 허리 통증은 당연히 찾아오는 손님 같았다. 하지만 그곳에서 견딜 수 있었던 것은, 아들의 얼굴을 다시 볼 수 있다는 간절한 마음 때문이었다. 그것이 나를 지탱해 주는 힘이었다.

위기는 항상 새로운 눈을 뜨게 한다. 이후 작은 기업들의 니즈에 맞는 맞춤 포장을 준비했다. 신제품 포장 용기를 개발하고 새로운 거래처를 뚫으며 정면 승부를 했다. 시간이 지나 자리를 잡아 갈 때 회사 내부에 문제가 생겨 세 번째 파도를 맞았지만, 넘어질 때마다 다짐했다.

'실패는 부끄러운 게 아니다. 다시 시작할 수 있게 하는 값진 자산이다.'

자영업자라면 누구나 7~10년 주기로 찾아오는 시련의 곡선 그래프를 만날 것이다. 처음에는 열정과 노력으로 가파른 상승 곡선을 그리며 희망에 부풀고, 어느덧 안정적인 궤도에 올랐다는 안도감에 젖기도 한다. 하지만 예상치 못한 시장의 변화와 위기 앞에서, 그 익숙한 그래프는 바닥을 향해 무섭게 곤두박질친다. 모든 것이 무너지는 것 같은 절망의 터널을 통과하고 나면, 비로소 이 곡선이 모든 자영업자의 이야기였다는 것을 깨닫는다. 그렇기에 이 익숙한 그래프 앞에서 절망이 아닌 다음 도약을 준비해야 한다. 사업을 하면서 이러한 부딪침은 결코 혼자 겪는 것이 아니라는 사실을 깨달았다. 우리 모두가 함께 그려 나가는 삶의 굴곡진 그래프인 것이다.

누군가 "성공의 8할은 준비다."라고 말했다. 사업 속에서 이 말의 의미를 온몸으로 깨달았다. 그래서 창업을 시작하려는 후배들에게 가장 강조하는 것도 기본기다. 트렌드, 지속 가능한 시장 분석, 자금, 관리, 기획 등의 기초가 튼튼해야 어떤 비바람이 몰아쳐도 흔들리지 않고 버텨 낼 수 있다고 조언한다(사실은 나에게 하는 다짐이기도 하다).

사업을 시작한 스물일곱을 돌아보면, 청년의 나에게는 등이 휠 것 같은 무거운 짐이 가득했다. 그럴 때마다 든든한 멘토가 등을 두드려 주면 좋겠다고 생각했다. 가 보지 않은 길을 척척 알려 주는 내비게이션 같은 선배가 있다면 얼마나 좋을까.

나는 그 숱한 밤을 혼자 버텼다. 막막한 갈림길에서 방향을 제시하는 어른이, 따뜻한 조언을 건네는 선배가 간절했다. 사소한 결정도 천 근의 무게로 어깨를 짓눌렀고, 작은 실수는 긴 후회로 남았다. 하지만 그 모든 실패가 나를 단련시킨 가장 훌륭한 스승이었다는 것을 이제는 안다.

무너지고 울었던 실패의 순간, 더욱 단단해지고 있었다는 것을, 오랜 시간이 지난 후에야 깨달았다. 그래서 이제는 힘들어하는 후배들에게 조금이라도 도움이 되는 멘토가 되고 싶다. 실패를 통해 실패하지 않는 방법을 제시할 수 있으니 말이다. 그래야 조금이라도 리스크를 줄일 수 있지 않을까!

늘 절실했던 그 '선배' 역할을 앞으로는 내가 하고 싶다. 구체적인 계획도 이미 만들어 실행 중이다. 이제 막 출발선에 선 후배들을 위해 몇 년 전 '창업 스쿨'을 시작했다. 대상은 귀농·귀촌을 꿈꾸는 분들, 작은 가게를 연 소상공인, 창업이라는 망망대해 앞에서 두려워하는 청년들이다. 이들에게 경험을 소개하며 길잡이를 하고 싶다. 또한 후배들에게 "실패를 두려워하지 말라."고 말해 주고 싶다. 지속적인 도전 속에서 성공과 실패를 맛봐야 점점 단단해지기 때문이다.

후배들에게 제공하는 구체적인 교육 프로그램도 있다. 창업 스쿨에서는 사업 계획서 작성, 정부 지원 사업 활용법, 상품 개발 과정, 독자적인 브랜딩 구축, 매력적인 패키지 디자인, 지적 재산권(특허) 확보, 그리고 마케팅 전략까지, 제품을 개발하고 시장에서 자리 잡는 데 필요한 모든 과정을 안내한다.

"창업은 단거리 경주가 아닙니다. 준비를 잘하면 길이 보이기 시작할 겁니다."

이 말은 후배들에게, 그리고 어쩌면 과거의 나에게 해 주고 싶은 가장 간절한 응원일지 모른다.

지난 삼십 년의 경험을 떠올리면 순탄하지도 절망적이지도 않다. 고속도로 위에서 갑작스러운 소나기를 만나 상품들이 흠뻑 젖는 바람에 속수무책으로 눈물을 흘린 적도 있었고, 시장 한복판에서 거래처를 지키려고 다른 업체들과 몸싸움을 벌인 적도 있다. 시장의 흐름을 읽지 못해 발을 동동 구르기도 했고, 기댈 곳 하나 없어 홀로 밤을 지새운 날도 헤아릴 수 없이 많았다.

그 모든 상처와 후회의 시간들이 모여 경험이 되고 내공이 되었다. 엄청난 대가를 지불하고 습득한 값진 과정이다. 그래서 오늘도 기꺼이 '실패를 판다'라는 자세로 최선을 다한다. 실패는 끝이 아니라 다시 걸어갈 힘을 주는 인생의 자산이기 때문이다.

실패 앞에서 좌절한 누군가에게 "괜찮다. 다시 시작할 수 있다."라는 위로와 용기를 진심으로 전하고 싶다.

배움을 통한
도전과 나눔의 시간

기술과 트렌드는 하루가 다르게 발전한다. 젊은 세대는 새로운 언어와 문화로 소통한다. 그래서 사무실에서 그들과 소통하는 것이 쉽지 않다. 경험과 노하우만으로는 더 이상 밝은 미래를 담보할 수 없음을 인정해야 했다. 그래서 요즘에는 마음을 비우기로 했다. 쌓아 올린 경력의 반을 내려놓고, 나머지 반은 다시 채우겠다고 다짐했다. 그것이 내가 선택한 '배움의 미학'이자 '배움의 목표'다.

새로운 미래를 위한 배움의 길은 '전주대학교 문화콘텐츠학과'에서 찾았다. 콘텐츠와 브랜딩 등을 학습할 수 있는 학문이니, 패키지 사업을 하는 나에게 꼭 맞는 분야라고 생각했다.

대학 강의실에 들어섰을 때, 처음에는 낯설고 숨이 찼다. 칠판 대신 온라인 플랫폼, 종이 대신 태블릿과 노트북, 빠르게 오가는 질문과 대답. 잠시 아찔한 생각이 들었지만, 두려움 속에서도 새로운 학문에 발을 들여놓았다는 뿌듯함이 나를 반겨 주었다.

배움은 거울과 같다고 생각한다. 거울 속에서 과거의 나와 현재의 나, 그리고 앞으로의 나를 동시에 마주한다. 익숙한 경험을 내려놓는 것이 두렵기도 했지만, 비워 낸 자리에 들어오는 지식과 새로운 인연들, 그리고 확장된 시선은 삶에 다시 신선한 호흡을 불어넣었다. 특히 두 가지 경험이 내게 큰 변화를 주었다.

첫 번째는 디지털 수업 환경이다. 강의 자료는 모두 온라인으로 올라왔고, 학생들은 실시간으로 자료를 공유하며 토론했다. 처음에는 PPT 하나 다루기도 버거워 밤을 새우며 복습했다. 그러다 어느 날, 옆자리에 앉은 학생이 말했다. "대표님, 이거 이렇게 올리시면 더 편해요." 순간 낯설었지만, 그 말 덕분에 나는 더 이상 '대표'가 아닌 '학생'이 되었다. 겸손히 배우는 자리에서 나를 내려놓는 것, 그것이 진짜 배움의 시작이었다.

두 번째는 소통하는 법이다. 수업에서 발표를 한 적이 있는데, 그때 나는 옛 사례를 이야기했다. 하지만 다른 학우들은 알 수 없다는 표정으로 고개를 갸웃거렸다. 아날로그의 세계를 접해 보지 않은 젊은 학우에게는 당연한 반응이었다.

그들은 발표 자료를 모으기 위해 유튜브, SNS의 자료를 보며 열

띤 토론을 이어 갔다. 그 순간 깨달았다. 과거의 경험은 재해석되지 않으면 무의미하다는 것을. '그렇다면 내가 겪었던 실패를 지금의 디지털 환경에서 설명한다면 어떻게 표현할 수 있을까?' 세대 간의 대화는 단절이 아니라 확장이 될 수 있다는 것을, 그날 배웠다. 대학에서 배운 것은 단순한 지식의 습득이 아니었다.

문화콘텐츠학과에서 배운 구체적인 지식들은 사업을 완전히 새로운 차원으로 끌어올리는 도구가 되었다. 브랜딩, UI/UX, 스토리텔링 수업을 통해, 패키지 안에 담긴 제품의 역사와 감성을 소비자에게 전달하는 방법을 더 구체적으로 배웠다. 그것은 고객들이 왜 우리 제품을 선택해야 하는지에 대한 '이야기'를 입히는 작업이었다.

미디어 콘텐츠 제작 과제를 수행하면서는 포장 디자인 트렌드를 분석하고 영상 콘텐츠로 만드는 법을 익혔다. 덕분에 딱딱했던 사업 홍보 자료들이 젊은 세대가 쉽게 공감하고 공유하는 디지털 콘텐츠로 진화하고 있다. AI와 빅데이터 분석 강의는 수십 년간 몸으로 익힌 시장 감각에 객관적이고 과학적인 힘을 더해 주었다.

공부를 다시 시작하면서 시도한 또 하나의 도전은 1인 미디어였다. 영상 제작에는 아직 많은 시간이 걸리기에 글쓰기 위주인 블로그부터 먼저 시작했다. 이제는 '상그니 포장전문가'라는 이름의 블로그에 글을 꾸준히 쓰고 있다. 일상과 함께 포장 노하우, 최신 트렌드, 강의 소식 등을 소개하면서, 전하고 싶은 메시지를 차근차근 올렸다. 처음에는 조회 수도 적었고, 반응도 미미했다. 그러나 시간이 흐르며 "대표님의 글 보고 도움이 됐다."라는 댓글이 하나둘 늘자 용기가 생겼다. 블로그는 나와 세상을 연결해 주는 다리가 되었고, 내 경험이 여전히 유효하다는 자신감을 심어 주었다.

이렇듯 학교에 입학한 후 다양한 시도를 하면서 삶을 변화시키고 있지만, 처음에는 학교 적응이 쉽지 않았다. 낯선 과제와 프로젝트가 쏟아졌다. 발표 준비를 위해 PPT를 만들고, 팀원들과 온라인 회의를 하느라 잠을 이루지 못한 날도 많았다. 시험 기간에는 책상 앞에 앉았지만 머리가 새하얗게 되기도 했다. 그러나 고단함 속에서도 오랜만에 '진짜 공부한다'라는 기분을 맛봤다. 서툴지만 한 걸음씩 따라가다 보니, 과제 제출도 익숙해지고 토론에서도 목소리를 낼 수 있게되었다.

물론 지금도 미래에 대한 막연한 두려움은 여전하다. '이 배움이 정말 의미가 있을까?'라는 질문도 가끔 한다. 그러나 배움의 길 위에서 조금씩 생각을 바꾸었다. 희망은 막연히 기다리는 것이 아니라, 내가 그리는 미래를 스스로 찾아 가는 과정이다. 그 깨달음은 두려움보다 강했고, 내 안에 새로운 희망의 불씨를 지폈다.

막상 견뎌 보니 배움은 그리 어려운 것이 아니었다. 하루 짬을 내 새로운 IT 용어를 익히는 작은 습관만으로도 변화가 시작된다. 작은 배움은 일상의 반복에서 벗어나 새로움을 경험하게 해 주었다. 사업의 정체성을 고민할 때 스스로를 다시 붙잡을 굳건한 힘을 주었다.

배움은 성공보다 실패에서 온다는 것을 온몸으로 체득했다. 넘어진 자리가 곧 일어설 자리라는 말처럼, 상처 속에서 자신을 이해하고, 비로소 새로운 방향을 잡았다. 만약 IMF도, 중국에서의 고난도, 김영란법의 시련도 없었다면, 나는 지금처럼 단단한 자신을 이해하지 못했을 것이다.

고통 속에서의 배움은 나를 후배들에게로 이끌었다. 나의 고통을 알기에, 타인의 어려움과 고통도 이해한다. 그 마음은 함께 아파하고 함께 걷는 동반 학습의 여정을 기꺼이 하게 한다. 창업 스쿨을 무료로 열고 후배들을 돕는 것도, 바로 이런 깨달음의 연장선이다. 배움의 미학은 삶의 굴곡을 타인의 성장을 위한 길잡이로 바꾸는 마법이다. 남을 도울 때 에너지를 얻고 더불어 행복감도 느끼는 것이다.

이제 또 다른 도전을 꿈꾼다. 그것은 '패키지 종합센터'를 세우는 것이다. 제품의 기술, 브랜드와 시장, 소비자를 연결하는 허브를 만들고 싶다. 젊은 세대와 함께 일하며, 나의 경험과 그들의 창의성을 결합해 새로운 가치를 창출하고 싶다. 그것이 내가 찾은 미래의 그림이다.

스토리텔링 수업에서 마주한
소중한 추억

기억은 자꾸만 희미해져 간다. 40여 년 전 어린 시절의 정겨운 고향 마을 풍경, 어머니의 따스한 손길, 그리고 개구쟁이 친구들 세동, 봉의, 상범이의 얼굴까지 모두 그립다. 디지털 스토리텔링 안선우 교수님 수업에서 배운 희곡 대본 쓰기는 너무 소중한 시간이었다.

세월의 강물에 휩쓸려 점차 옅어지는 그때의 기억을, 수업에서 다시 소환해 낸다. 생각의 끈을 놓는 순간 영원히 사라질까 두려워 온 힘을 다해 지난날을 붙잡아 본다. 중2 시절 1980년대 초, 현대화의 물결 속에서도 고유한 풍경을 간직했던 고향 집, 경북 상주에서의 추억을 떠올린다.

장맛비가 한바탕 쏟아진 다음 날, 마을회관 확성기에서는 이장님의 목소리가 울렸다.

"율림 주민 여러분께 알립니다. 어제 내린 장맛비로 신작로가 심하게 끊겨 김천 가는 첫 버스가 못 들어오고 있어요. 내일 아침 일찍 조반 드시고 밤고개 정자 앞으로 나와 부역에 동참해 주시기 바랍니다."

다급한 목소리에 나는 엄마에게 달려갔다. "엄마! 이장님 방송 들었지? 아빠도 안 계시고, 허리를 삐어서 힘든데 어떡해?" 엄마는 "안 그래도 걱정이다."라며 한숨을 쉬셨다. 그때였다. 나는 용기를 내 말했다. "걱정하지 마, 엄마. 내가 갔다 올게! 지난번에도 휴가 나온 금배 형이랑 갔다 왔잖아, 하하." 그 말을 듣는 엄마의 눈가에 잠시 안도와 미안함이 스쳤다.

마당의 삼 형제는 토끼우리에 몰려들었다. 둘째 동생이 신이 나서 외쳤다. "형아! 깜둥이 어미가 새끼를 낳았어!" 막내는 작은 손가락으로 새끼 토끼를 헤아리며 부자가 되었다며 기뻐했다. 둘째는 나에게 귓속말로 물었다. "형아, 중학교 가면 자전거 사 준다는 약속 기억하지? 토끼 20마리 팔면 2만 원이야! 이제 진짜 자전거 사 줄 거지? 십 리 길 학교 오가느라 다리가 진짜 아파."

나는 토끼들에게 먹일 풀을 뜯으러 가는 길에 친구들을 만났다. 세동이는 "야, 경운기 사고 났대며?"라고 물었다. "어? 화순이 아버지." 세동이가 걱정스러운 얼굴로 이야기했다. "너도 경운기 조심해라."

어둑해진 저녁, 평상에 누워 하늘을 보니 달이 미루나무 가지에 걸려 있다. 오늘도 딱따구리는 미루나무에 둥지를 준비 중이다. 부리로 내는 '탁탁' 소리가 밤이 되니 유난히 크게 느껴진다. 라디오에서는 '별이 빛나는 밤에 간주'가 흘러나왔다. 나는 혼잣말을 중얼거렸다. "휴…. 고등학교는 어디로 가야 할까? 나까지 도회지로 나가면 엄마랑 동생들은 어떡하지? 토끼들도 돌봐야 하는데." 그때 막내가 화장실에서 나오며 그 소리를 들었는지 말했다. "형아, 누렁이 팔면 되지!" 나는 막내의 귀여운 말에 짐짓 놀란 척하며 웃었다. "누렁이 팔면 뭐 해, 지금은 작아서 팔 수도 없는데!"

다음 날 아침, 학교를 마치고 집에 돌아와 보니 집 안은 텅 비어 있었다. 분명 점심 즈음에는 도착할 것이라 했는데. 나는 집 이곳저곳을 둘러보았다. 마당의 빨간 고추, 우물가의 두레박, 옥수수밭, 그리고 느티나무. 모든 것이 나를 말없이 바라보는 듯했다.

문득 친구 봉의, 상범이와 느티나무 위에 앉아 '마이마이'에서 나오는 유행가를 듣던 시간이 떠올랐다. 땀을 뻘뻘 흘리며 소죽을 끓

이던 여름날의 기억, 얼음이 꽁꽁 언 개울에서 썰매를 타던 겨울날의 추억. 나는 친구들에게 자랑하기 위해 우리 집 누렁이를 얼른 키워야겠다고 다짐했다.

어스름이 내리고, 멀리서 소 울음소리가 들렸다. 엄마와 막내가 누렁이를 몰고 집으로 들어왔다. 엄마의 머리에는 빨간 고추가 가득 담긴 광주리가, 손에는 옥수수가 가득 담긴 자루가 들려 있었다. 피곤에 지쳐 밥을 먹자마자 잠든 동생들과 달리, 나는 엄마가 장독대 앞에서 공들여 기도하는 모습을 조용히 기다렸다.

사발에 물과 시루떡을 올리고, 흔들리는 촛불 앞에서 어머니의 기도는 길고도 길었다. 그 기도는 오직 자식들의 앞날을 밝히는 등불이었다. 어머니는 그렇게 묵묵히 우리의 곁을 지키고 계셨다. 이제는 그 기도를 들을 수 없는 하늘나라에서도, 어머니의 삶은 언제나 우리를 향해 있음을 안다. 당신은 늘 그 자리에서 우리를 위해 기도하고 계실 것이다.

이제는 자꾸만 잊어 간다. 어린 시절, 그리운 고향, 어머니, 고향 친구 얼굴. 대학의 수업 시간에 배운 희극 작성은 이 모든 것들을 소환해 준 의미 있는 시간이었다. 45년이 지난 그 시절, 소중한 기억을 소환해 본다. 세월의 강물에 휩쓸려 점차 희미해지는 유년 시절. 기억의 끈을 놓는 순간 영원히 닿을 수 없는 곳으로 사라질까 두려워, 마지막 온 힘을 다해 가물거리는 옛 기억을 붙잡아 본다.

스토리텔링 수업을 통해 나의 삶과 경험을 구체적 이야기로 만드는 법을 익혔다. 덕분에 나는 이후 삶의 다양한 상황에서 시나리오를 작성해 보며 문제의 답을 찾거나 사업에서의 영감을 얻고 있다.

장소/무대: 시골 마을(상주군 화서면 율림 147)

시대: 80년대 초, 현대화 속의 시골

등장인물: 중학생 2학년 상근(주인공), 엄마, 동생 1, 동생 2, 상근의 친구 세동, 봉의, 상범

(마을회관 동네 앞 높은 언덕 위에서 사이렌이 울린다.)

율림 주민 여러분께 알립니다.

(아아~ 톡톡)

율림 주민 여러분 곽 이장입니다. 마~ 어제 내린 장맛비로 신작로가 심하게 꺼지고 끊겨 가지고 김천으로 가는 첫 버스가 들어오질 못하고 있어요. 동골뱅이부터 밤고개까지 신장으로, 서둘러 빨리 부역을 해야 합니다. 마~ 내일 아침 일찍 조반 드시고 삽과 괭이 가지고, 얼른 밤고개 정자 앞으로 한 가구도 빠지지 말고 나와 주시기 바랍니다. 아아, 다시 한번 전해 드립니다.

(사이렌 방송이 끝나고 노래가 울려 퍼진다.)

상근: (다급한 목소리) 엄마~ 엄마. 이장님 방송 들었지? 첫 버스가 못 들어왔대.

엄마: (퉁명스럽게) 그랬나 보다.

상근: 내일 아침 신장으로 부역이 있다는데~ 어떻게, 아버지도 안 계시고, 엄마는 허리를 삐어 움직이기도 힘든데 어쩐대.

엄마: 안 그래도 걱정이다.

상근: (상근이 잠시 머뭇거린다.) 걱정하지 마 엄마. 내가 일찍 갔다 올게. 전번에도 일요일 오후에 군에서 휴가 온 금배 형이랑 갔다 왔잖아. 하하~

엄마: 넷째 니가 괜한 고생이다. 오늘은 일찍 자야겠다.

동생 2: 형아 나도 갈게.

상근: 꼬맹이 네가 무슨 도움이 된다고, 됐다.

(마구간 토끼우리에서 동생이 다급하게 부른다.)

동생 1: 형아 이리 와 봐.

상근: 왜~ 너 와 그러는데?

동생 1: 깜둥이 어미가 새끼를 낳았어.

(다급하게 모두가 몰려간다.)

상근: 쉿~ 조용히 해. 토랑이가 놀라잖아.

동생 2: (작은 목소리로) 형아 검둥이가 하나, 둘, 셋이고 흰둥이가 하나, 둘이다.

검둥이가 하나 더 있다. 형아 우리 이제 부자다. 섭이 형아 자전거 살 수 있겠다.

동생 1: (기다렸다는 듯이) 형아, 네가 엄마와 약속했다 아이가. 중학교 가면 자전거 사 준다코. 2만 원 하면 삼천리 자전거 살 수 있다. 맞지? 토끼 한 마리가 30원이니까. 20마리면 형아 다 팔면 될 것 같아. 이번엔 진짜로 자전거 사 주라. 형아. 십 리 길 학교 갔다 오는데 진짜 다리 아프다. 막냇동생도 내가 태워 갈기다. 구멍 때우는 것도 형아가 가려쳐 줄기다. 맞지라 형아.

(종이 울렸네 새 아침이 밝았네. 너도 나도 일어나 새마을을 가꾸세.)

엄마: 알았다. 형아에게 잘 얘기해서 한 대 살 거다. 근데 네 공부 잘해야 한다. 지난번 가정방문 오신 선생님께서 네 잘한다 카더라.

(막냇동생이 신나서 토끼 막사를 유심히 본다.)

동생 2: 근데 형아 토끼 눈은 언제 생겨? 눈이 안 보여.

동생 1: 며칠이면 눈을 뜰 기다. 아버지가 작년에 사 준 2마리가 와~ 20마리 넘을 거야. 형 그치.

상근: 맞다. 이번 여름방학 때 토끼집을 새로 지어야겠어. 아파트처럼 4층으로 지얼 기다. 장에 가 토끼 두 마리 팔아 화령 철물점 가 철사하고 못을 미리 사 두어야겠다.

동생 1: 다음다음 주면 여름방학이지.

동생 2: 형아 나도 도울게. 신난다~

상근: 상섭이 네가 비 맞은 풀을 먹여 토기 새끼가 설사하고 두 마리 죽어뻤다. 절대 축축한 토끼풀을 주면 안 된다 아이가. 막내도 알았지?

동생 2: 알았다. 형아.

(기분이 좋아 마당으로 나와서 삼 형제가 나란히 평마루에 걸터앉는다. 엄마는 마당 멍석에서 빨간 고추를 뒤적뒤적 말리며 분주하다. 동생이 책을 읽다 형을 쳐다본다.)

동생 1: 형아 근데 토끼하고 거북이하고 경주하면 정말 거북이가 이길까? 우리 토끼는 겁나게 빠른데.

상근: 갱빈냇가 자라 잡아 와서 한번 시합 시켜 볼까?

동생 2: (손뼉을 치며) 와~~ 재미있겠다. 형아.

동생 1: 이 바보야. 토끼하고 거북이가 경주하면 산에서는 토끼가 이기고, 바닷물에서는 거북이가 이기지. 맞다 아이가~

엄마: (엄마가 지나가며) 상섭이 똑똑하고나. 그런 생각도 하고.

상근: 그러니까 반에서 1등 했지. 엄마!

동생 2: 형아 방학 때 고모네 경운기 타고 갱변에 가서 모래 퍼 와서 사막 짓자. 지난번에 형아가 경운기 몰고 골밭 갈 때 '딜컹딜컹' 재미있었다.

엄마: 상근아 네 경운기 절대 조심해야 한다. 화순이 아버지 경운기에 다쳐 읍내에 입원했다 아이가. 다리 수술해야 한다코. 농사일이 그 집도 걱정이다.

상근: 안 그래도 친구 세동이가 말했어요. 아저씨 입원했다고.

(동생을 보며) 아버지가 별말이 없어서 소막 짓는 것은 어려울 것 같아.

동생 1: 형아 언제 토끼 키워서 대구 형아, 부산 형아, 김천 형아에게 돈 보내.

엄마: 막내 너도 형아들 등록금 걱정되나? (막내가 고개를 끄덕인다.) 아이고 무시라. 첫째, 둘째, 셋째까지 다 외지로 나가서 공부를 하니 아이고, 너희들이 힘들지. (엄마가 머릿수건으로 마루 면지를 툭툭 내리친다. 혼자 말하듯) 아이고, 너희들 힘들지. 봄에 송아지 새끼를 팔았는데. 도회지 등록금, 하숙비 원체 비싸야지.

상근: (엄마에게 다가서며) 엄마 그래서 아버지에게 앞마당 한쪽에 소막을 짓자고 얘기했어. 아버지가 말씀이 없어. 엄마가 다시 얘기해 봐. 응? 내가 모래와 자갈은 퍼 올게.

상근: (모깃불을 피우며) (눈물이 글썽글썽) 엄마, 부채 좀 줘 봐.

엄마: 모기풀을 조금씩 넣어야지. 머다코 한꺼번에 집어넣으니 맵지. (콜록콜록) 두고 이거나 무라. 첨 꺾은 옥수수다. 장림 골밭 옥수수야.

동생 1: 나도~ 달다. 잘 익었다. 연기가 나한테만 오지. (부채질을 한다.)

동생 2: 형아, 형아도 고등학교 도회지로 나가? (눈치를 본다.)

상근: (모기풀을 주섬주섬 부지깽이로 저으며 작은 목소리로) 모르겠어.

동생 2: 저번에 상주시민대회에서 형아가 1등을 했잖아?

동생 1: 맞아. 우리 형아는 달리기 진짜 잘해. 형아가 준 공책 정말 좋아.

상근: 다음에 또 상 타서 줄게. 얼마 전 교무실에서 체육 선생님이 화령고에 와야 한다고 했어. 모르겠어, 머가 맞는 건지. 형들이 3명이나 도회지로 나가서 아부지도, 엄마도 빡시게 일하고 있잖아. 근데 형들 여름방학 때 올까? 그래 (손가락을 내밀며) 약속했다.

동생 1: 형아 내가 지난번 봄 때 부산 형아에게 편지 보냈어. 공책 살 돈도 없다고.

상근: (말이 끝나기도 전에 상근이 발끈한다.) 상섭아! 그런 편지를 보내면 어떻게 해?

엄마: (엄마도 놀란 듯) 언제 했는데? 어우 이 철없는 것아. 형들 걱정하게. 안 그래도 공부하기 힘들 텐데. 이제 모깃불 끄고 자자. 마루에 모기장 쳐 두었다. 막내는 뒷간 갔다 오줌 누고 자라.

동생 2: 네 엄마~ 나는 형아랑 잘 기다.

(달이 미루나무 가지에 걸려 아른거린다. 저녁이 되니 시원한 바람이 분다. 라디오에서는 이종환의 '별이 빛나는 밤에' 음악 소리가 흘러나

온다.)

상근: (달을 보며 혼잣말로) 휴~ 걱정이다. 고등학교 정해야 하는
데. 나까지 도회지로 나가면 토끼도 돌봐야 하고 동생들도 엄
마도 힘들 텐데. 걱정이다.

(상근이 마루에 벌러덩 눕는다.)

동생 2: (화장실에서 나오며 상근의 한숨 소리를 듣고) 형아, 누렁이
또 팔면 되지.

상근: 깜짝이야! 인기척이라도 하지! 깜짝 놀랐잖아. (부채질을 하
며) 누렁이가 있어야 팔지. 지금 있는 애기 송아지는 작아서
팔 수가 없다 아이가~

동생 2: 형아 여물 많이 먹이면 되지. 그럼 빨리빨리 크잖아. 맞지 형
아.

상근: 맞다 그래. 내 동생 똑똑하다. 너도 밥 많이 먹고 빨리빨리
크자. (동생 귀를 잡는다.)

동생 2: 아아 형아 아퍼. 귀 아프단 말이야.

상근: 하하하, 우리 막내 빨리 크자. (볼을 잡고) 어차 형아가 서울
구경 시켜 줄게~ (하하) 이제 자자.

동생 2: 형아 재미있다. (하하하) 울 형아 잘 자.

(아침이 되니 제법 싸늘하다. 상근은 모기장 사이로 우물가에서 쌀
씻는 엄마를 본다.)

상근: 엄마! 쌀 머 하려고? 또 시루떡 하려고 그래?

엄마: 오늘 방학하면 일찍 올 기지?

상근: 네. 점심때쯤이면 올 것 같아요. 밥은 고모네 집에서 먹을까? 고모 집 아래채 구들방 고친다고 아지매가 오라 했어.

엄마: 그래 잘 되었다. 학교 다녀오는 대로 고모 집 도와주고 니와 시루떡 앉히면 되겠다. 오늘이 보름이다. 공들이기에 좋은 길일이다.

상근: 외할머니도 보은에서 와?

엄마: 외할머니께서 디기 아파서 못 오실 거야. 이제는 연세가 있어서 걷기조차 어렵다. 이제 방학도 했으니, 저녁때 공들이고 보은 산골 다녀와야겠다.

상근: 나는 외할머니 긴 담뱃대가 무서워. 난 안 갈 거야. 엄마. 뒤뜰 돌배나무 장독대 청소해 두면 되지? 또 머가 있지? 아, 시루떡 옹기도 우물가에 갔다 둘게.

엄마: 아가~ (멀리서) 시루떡 찌려면 나무 장작도 더 있어야겠다. 아침부터 오늘도 날씨가 찐다. 와 이리 덥노.

(학교에서 돌아온 상근이 주위를 두리번거리다)

상근: 학교 다녀왔습니다. 아무도 없네. 동생들 여름방학 했을 텐데. (혼잣말로) 엄마랑 동생들 골밭에 갔나 보네! 고모 집에서 밥 먹고 돌배나무 장독대 청소나 해야겠다.

(상근은 집 이곳저곳을 한동안 물끄러미 보며 눈에 담는다.)

(맴 맴 맴맴)

(어두컴컴해지니 매미 소리가 유난히 크게 들린다.)

(느티나무 밑을 지나 소 울음소리가 들린다.)

(상섭이 땀을 뻘뻘 흘리며 소 고삐를 잡고 있고, 엄마와 막내가 대문을 차고 들어온다. 엄마는 머리에 빨간 고추가 가득한 광주리를 이고, 다른 한 손에는 수염이 긴 옥수수가 담긴 부대를 들고 있다. 누렁이는 물동이에 코를 박고 물을 들이켠다. 저녁을 먹고 난 후 동생들은 피곤한지 금방 잠이 들고 상근이는 엄마의 기도가 끝나기를 하품을 하며 기다리고 있다. 장독대 위에 사발 한 그릇에 물과 시루떡을 올려놓고 흔들리는 촛불 앞에서 하는 어머니의 기도는 오늘도 길어진다.)

'나다움'의 진정한 모습

'요즘 것들'이라는 말이 있다. 한때는 기성세대가 젊은 세대의 버릇없음을 꼬집는 뉘앙스로 쓰이기도 했다. 하지만 언어의 의미는 시대와 함께 흐른다. 이제는 스스로가 이 말을 자랑스럽게 사용하는 시대다. 낡은 관습에 얽매이지 않고, 개성과 목소리를 당당하게 드러내는 사람, 남의 시선보다 '나'의 기준을 존중하며, 자신의 모습 그대로를 사랑하고 사랑받고자 하는 이들을 일컫는 새로운 표현이 되었다.

어쩌면 '요즘 것들'이라는 말은 시대를 불문하고 가장 자기답게 살아가는 모든 이를 위한 찬사일지도 모른다. 치열했던 지난 시간을 딛고, 진정한 '나다움'을 찾아 가는 나. 그러한 내가 이 시대의 진정한 '요즘 것들'일 것이다.

지금껏 너무나 많은 관계 속에서 나를 잊은 채 살아왔다. 아빠, 남편, 회사 대표로서의 역할들을 감당하며 삶의 무게를 견뎠다. 또한 우리는 연로하신 부모님을 봉양해야 하는 마지막 세대이자 자녀의 미래를 책임져야 하는 첫 세대라는 역할도 짊어졌다. 이러한 역할을 가지고 숨 가쁘게 돌아가는 사회 속에서 도태되지 않기 위해 앞만 보고 달려왔다.

그러다 문득 거울을 보니, 어느덧 세월의 언덕 위 반백의 낯선 내가 서 있다. 하지만 여기가 끝이 아님을 안다. 중년은 인생의 후반전을 알리는 쓸쓸한 종착역이 아니라, 이제 막 반환점을 돈 새로운 출발선이다.

그동안 타인을 위한 인내의 시간을 살았다면, 앞으로는 온전히 '나'를 위해 채워 갈 소중한 보상의 시간이 기다린다. 모든 것이 처음이라 실수투성이였던 전반전의 경험을 바탕으로, 이제는 노련하게 나만의 경기를 펼쳐 나갈 후반전이 시작된 것이다. 그러자 중요한 질문이 떠오른다.

'나는 누구인가?', '내가 진정으로 원하는 것은 무엇인가?', '남은 시간을 어떻게 살아가야 할까?'

'나답게 산다'는 것은 지난 세월 겹겹이 쌓아 온 역할이라는 헌옷 아래 잠들어 있던 본연의 나를 깨우는 과정에 가깝다. 그것은 어쩌면 청춘 시절 가슴에 묻어 두었던 낡은 기타를 다시 꺼내 드는 것일 수도 있고, 흙냄새가 좋아 작은 텃밭을 가꾸는 소박한 기쁨일 수도 있다. 때로는 수십 년간 해 온 일을 과감히 정리하고, 전혀 다른 분야에 맨몸으로 부딪쳐 보는 용기일 수도 있다. 중요한 것은 내 삶의 문화와 관습, 예의와 관계 속에서 길을 잃지 않는 지혜를 발휘하는 것이다.

더 이상은 사회가 정해 놓은 모범 답안에 나를 맞추고 싶지는 않다. 부모로서, 자식으로서의 역할에 충실하되, 그 안에서 나만의 색깔을 잃지 않는 균형 감각을 찾아 갈 것이다. 그것이 '나다움'의 진정한 모습이라고 생각한다.

이런 생각들과 함께 떠오르는 또 다른 질문. '나를 어떻게 드러내야 하나?' 그간의 삶에서 값지게 얻은 소중한 경험들, 여기에 새로운 세상에 대한 호기심과 열정이 가득하기에 더 이상은 주저하거나 방황하고 싶지 않다. 타인의 시선에 얽매여 나를 감추기보다는, 소소하지만 솔직하게 작은 욕망을 드러내 본다. 그래서 소셜 미디어에 소소한 일상을 공유하고, 비슷한 관심사를 가진 새로운 친구들을 사귀기도 한다. 이 모든 것이 '50대 요즘 것들'인 나를, 나만의 방식으로 표현하는 법이다.

지난날의 실수나 실패의 아픔마저도 자랑스럽게 생각하고 싶다.

다가올 시간을 두려워하기보다 설레는 마음으로 맞이하고 싶다. 그렇게 어제와 다른 오늘을, 오늘보다 나은 내일을 만들어 가는 이 시대의 진정한 '요즘 것들'로 다시 태어나고 있다. 억눌렸던 '진짜 나'를 찾아 세상 밖에 당당하게 드러내고 싶다.

'부캐'는
행복을 가꾸는 텃밭 농부

나는 스스로를 '촌놈'이라 소개하곤 한다. 도시의 콘크리트보다는 흙냄새와 풀 내음 가득한 자연이 훨씬 편안한 나에게, '촌놈'이라는 말은 제법 잘 어울리기 때문이다. 아마도 나는 시골에서 나고 자란 덕분에 식물 가꾸는 일을 좋아하게 되었을 것이다. 그래서 흙과 함께하며 푸릇한 생명들이 주는 따뜻한 위로를 안다.

문득 몰입하는 것만으로도 기쁨을 주는 시간은 무얼까를 떠올렸다. 그리고 이런 시간을 '나행시', 즉 '나의 행복한 시간'이라고 이름 붙여 오늘도 열심히 탐색 중이다. 온전히 자신에게만 집중하며, 설령 땀 흘리는 노동일지라도 기꺼이 휴식으로 느껴지는 그런 시간이다.

좋아하는 활동들을 떠올리니 캠핑, 산책, 달리기, 책 읽기, 영화 등이 연상된다. 그런데 그중 꾸준히 지속해 온 일이 있다면 그것이 진짜 좋아하는 일일 것이다. 그중에도 '텃밭 가꾸기'를 좋아한다.

매일 퇴근 후 텃밭에 나서는 발걸음엔 설렘이 있다. 상추, 대파, 부추, 감자, 옥수수, 고추, 토마토 등 손수 심은 새싹들이 돋아나는 모습을 바라보면 언제나 신기하다. 단단한 땅을 비집고 고개를 내미는 어린 싹, 햇살이 낯선 듯 수줍게 떡잎만 내미는 초록빛 새싹, 멀칭한 비닐 아래에서 답답함을 토로하듯 고개를 빼꼼히 내미는 싹들까지. 그 작고 연약한 생명들이 보여 주는 강인함에 매번 감탄한다. 물을 채워 흙을 적시고, 풀을 뽑고, 지지대를 세워 주는 일은 요즘 가장 평화로운 일상이다.

텃밭 가꾸기는 이웃 할머니께 부탁해 얻은 자투리땅에서 시작되었다. 방치된 땅의 비닐과 쓰레기를 치우고, 삽으로 땅을 고르고 퇴비를 섞으며 그곳에서 생명을 맞이하기 위해 공을 들인 것이 텃밭의 시작이었다.

모종을 심고 씨앗을 뿌린 텃밭은 어느새 푸른빛 봄으로 가득해졌다. 20평 남짓한 작은 공간이지만, 고랑을 만들고 심을 작물을 계획하는 그 모든 과정이 큰 기쁨이었다. 고구마, 고추, 가지, 토마토, 오이 등을 가꾸고 밭일을 하다 보면 허리는 아프지만, 그저 좋다는 마음이 앞선다. 초록빛 잎들이 자라나는 모습을 보는 것만으로도 가슴이 벅차오른다.

세상에 흙만큼 정직한 것이 또 있을까. 흙에는 상추 씨앗을 심으면 상추가, 감자를 심으면 감자가 자란다. 욕심 부리지 않고 정성껏 가꾸는 만큼 정직하게 수확을 돌려주는 땅은 늘 솔직해서 좋다.

텃밭에서의 시간은 단순한 노동이 아니다. 햇살 아래서 몸을 움직이고 흙을 만지면 머릿속의 복잡한 생각들이 서서히 사라지고 오롯이 그 순간에 집중하게 된다. 땀과 흙이 뒤섞인 그 시간은 머릿속의 휴지통을 비우는 시간이며, 스스로를 비워 내는 휴식의 순간이다. 작은 생명을 가꾸며 느끼는 기쁨, 그 과정 속에서 얻는 위로와 안도감은 말로 다 표현하기 어렵다.

땀 흘려 키운 식물이 자랄 때의 감동, 수확물을 나눌 때의 행복, 직접 키운 채소로 차린 밥상 앞에서 감사함이 차오른다. 이 모든 순간이 나를 살아 있게 한다. 갓 따온 상추와 깻잎으로 차린 식탁, 포슬포슬한 감자, 매콤한 오이소박이 부추, 고구마 줄기 볶음의 고소한 냄새. 땀의 결실이 식탁 위에 오를 때마다 살아가는 존재의 이유가 더 선명해진다.

흙 묻은 손과 이마의 땀방울, 그리고 텃밭의 푸른 생명력은 내가 지금 얼마나 소중한 시간을 보내고 있는지를 확실히 알려 준다. 흙냄새를 맡으며 작은 생명들과 교감하는 순간이야말로 도시에서는 얻을 수 없는 진짜 행복이다.

이런 이유로 내게 '부캐'는 '텃밭 농부'다. 텃밭은 또 다른 내가 삶의 균형을 찾아 가는 과정이자 나를 회복시키는 힘을 주기 때문이다. 작은 땅에서라도 정성껏 돌보면 싹이 돋아나듯, 작은 여유 속에서 키운 부캐는 오늘도 삶을 더 단단하고 따뜻하게 만들어 준다. 그래서 나의 다른 모습은 '행복을 가꾸는 농부'다.

나의 버킷 리스트

요즘 '버킷 리스트'라는 말을 자주 듣는다. 그 말의 의미를 곰곰이 생각해 보았다. 버킷 리스트는 '죽기 전에 꼭 해 보고 싶은 일들의 목록'이다. 원래 이 말은 'kick the bucket'이라는 표현에서 왔는데, 교수형을 집행할 때 양동이를 걷어차는 순간을 뜻한다고 한다. 다소 슬프고 절박한 말이지만 시간이 지나면서 의미가 긍정적으로 바뀌었다. 이제는 '언젠가 꼭 한 번 해 보고 싶은, 인생의 의미를 찾아 도전해 보고 싶은 일의 목록'으로 받아들여지고 있다.

나도 버킷 리스트를 만든다면 무엇으로 정할까. 버킷 리스트는 단순한 꿈의 나열이 아니기에 스스로 질문을 한다.

'나는 어떤 삶을 살고 싶은가?' '무엇을 할 때 가장 행복한가?'

2~3년 안에 이룰 수 있는 목록과 5년 이상이 걸리는 목록 중에 단

기적인 것을 먼저 기록했다. 이런 식으로 질문에 답을 찾는 과정이 바로 버킷 리스트의 시작일 것이다. 이때 중요한 것은 남들이 하는 멋진 일이 아니라, 내면에서 진정으로 원하는 일이다. 그것을 먼저 파악해야 버킷 리스트는 인생을 움직이는 좌표가 된다.

이와 함께 현실과 동떨어진 이상이 아니라, 현재의 나에게 버킷리스트의 출발점을 두었다. 나의 능력, 시간, 환경 속에서 한 걸음씩 실현할 수 있는 일들을 떠올린다. 너무 거창하지 않게 계획을 세운다. 중요한 것은 그 목표가 의미가 있어야 하고, 나를 성장하게 해야 한다. 그래서 두 가지 우선순위를 매겼다.

첫째, 나에게 가장 필요한 일인가?
둘째, 타인에게 긍정적인 영향을 줄 수 있는가?

이러한 기준으로 고민해 보니, 자연스럽게 앞으로 집중해야 할 목표가 명확해졌다. '죽기 전에 꼭 이루고 싶은, 나다운 목표' 다음의 세 가지가 현재 나의 버킷 리스트다.

첫 번째는 자기 계발과 성장을 위한 책을 쓰는 것. 30년간 유통, 제조, 디자인, 컨설팅, 강의 등 다양한 분야에서 쌓은 경험과 실패, 그리고 그 속에서 얻은 깨달음을 한 권의 책에 담고 싶다. 글은 자신을 비추는 거울이다. 글을 쓰며 삶을 돌아보고, 부족한 부분을 채워 가며, 더 단단한 나로 성장하고 싶다.

두 번째는 '패키지 종합센터 설립'이다. 단순히 제품을 만드는 공간이 아니라, 창의적인 아이디어가 실현되는 '꿈의 공장'을 만들고 싶다. 브랜딩, 디자인, 제조, 포장, 체험, 교육, 커스터마이징, 위탁판매까지 한곳에서 이루어지는 종합 시스템을 구축해 창업자와 디자이너, 청년들에게 실질적인 도움을 주는 공간을 제공하고 싶다. 꿈이 담긴 그곳이 후배들의 창의력과 실험 정신을 키워 주는 터전이 되기를 바란다. 언젠가 그곳에서 새로운 브랜드가 탄생하고, 젊은 창업자들이 자신만의 제품으로 세상과 만나는 순간을 볼 수 있겠지.

세 번째는 '청년 창업자를 기업가로 양성하는 일'이다. 그동안 쌓아 온 실무 노하우와 현장 경험을 바탕으로, 젊은 세대가 스스로 길을 찾도록 돕는 멘토가 되고 싶다. 사업 기술을 넘어 창업의 철학과 태도를 함께 나누고 싶다. 나 역시 수많은 실패를 겪었기에, 청년들에게는 실수와 좌절의 순간조차 값진 자산이 된다는 것을 확신한다. 나의 이야기가 그들의 인생에 작게나마 불씨가 된다면, 그것으로 충분하다.

물론 버킷 리스트 목록은 여전히 많다. 하지만 세 가지는 우선 실현해야 할 핵심 목표다. 그렇다고 서두르지는 않을 것이다. 지금까지

해 온 대로, 한 걸음씩 나아갈 것이다. 때로는 지치고 더딜 때도 있겠지만, 잠시 쉬어 갈 뿐 결코 멈추지는 않을 것이다. 인생에는 빠른 길도, 늦은 길도 없다. 중요한 것은 방향이다. 그 방향은 언제나 진심으로 가고 싶은 곳이어야 한다.

이러한 계획과 목표는 혼자만의 것이 아니다. 가족, 동료, 그리고 가르치고 격려해 주신 교수님들이 있기에 가능했다. 함께한 분들의 응원이 있기에, 나는 지금도 새로운 도전을 두려워하지 않는다.

나의 버킷 리스트는 단순한 다짐이 아니라, 지난 시간을 돌아보며 삶의 의미를 새기는 약속이다. 앞으로의 여정에서도 계속 배울 것이다. 배우며 나누고, 나누며 성장할 것이다. 그리고 그 배움의 끝에서, 또 다른 누군가에게 희망과 용기를 전하는 사람이고 싶다.

버킷 리스트의 결과보다 중요한 것은 과정을 즐기는 일이다. 그 과정 속에서 나는 오늘도 조금씩 성장하고 있다. 그 성장은 인생의 가장 소중한 선물이요, 행복이다.

성장의 길을 이끌어 주신 모든 교수님과 선배님들께 진심으로 감사드린다. 전주대학교 미래융합대학장님을 비롯하여, 김병오 지도교수님, 장현애 교수님, 이재민 교수님, 홍교훈 교수님, 안선우 교수님, 원민 교수님, 정성환 교수님, 김미애 교수님, 정문성 교수님께 깊은 존경과 감사를 드립니다.

　나는 자랑스러운 전주대학교 미네르바학부 문화콘텐츠학과 2022
학번 박상권입니다.

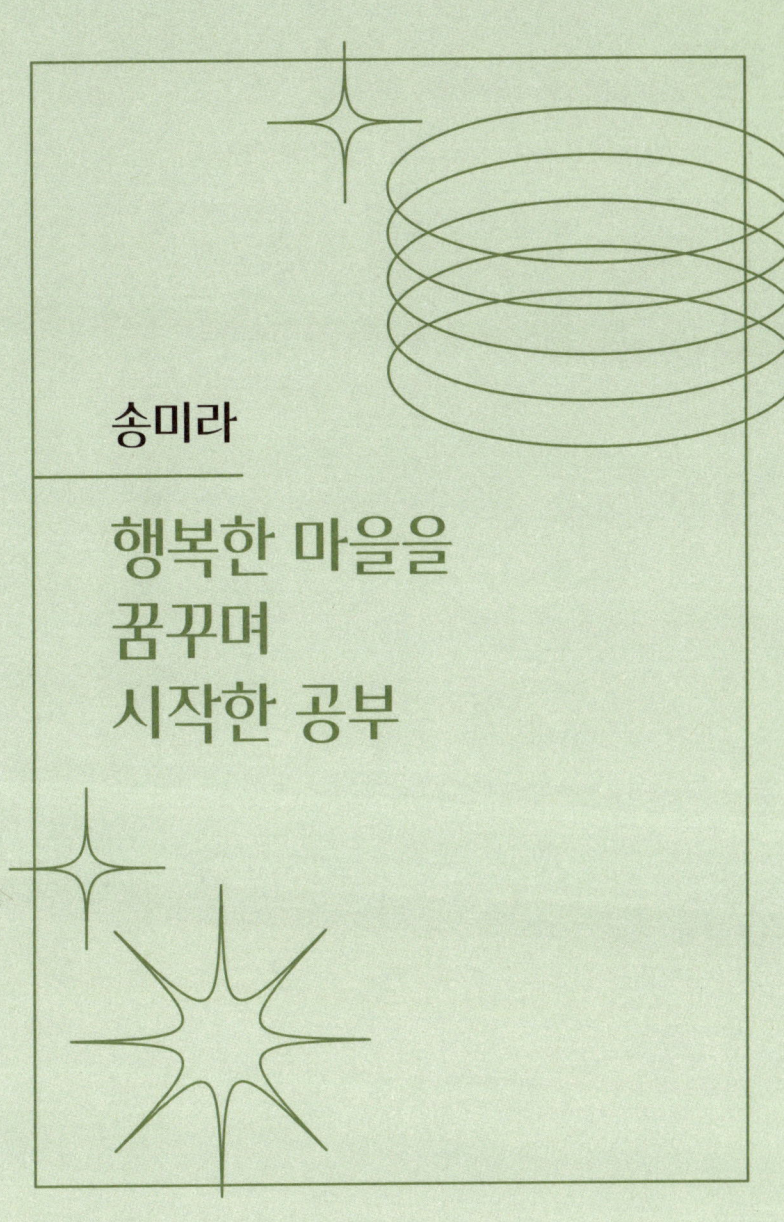

송미라

행복한 마을을
꿈꾸며
시작한 공부

대학생이라는 꿈

'선거는 무엇일까?' 어느 날 문득 의구심이 들었다. 선거는 나와 상관없는 일이라고만 여겼는데, 그렇게 정치에 관심이 없는 내 모습이 이상하게 느껴졌다. '세상이 후퇴하는 게 나 같은 사람 때문이 아닐까, 그래서는 사회 발전이 더디지 않을까.' 여러 생각이 꼬리를 물고 이어졌다.

"어떻게 해야 이런 저의 문제의식이 해결될까요?" 지인에게 물으니 멋진 생각이라는 반응이었다. 내 의견에 힘을 실어 주는 상대의 이야기를 듣고 나니, 내 존재가 굉장히 크다는 생각이 들었다. 동시에 사회에서는 한 사람 한 사람이 소중하다는 것도 깨달았다.

이후 사람들을 만날 때마다 정치에 대한 관심을 이야기하기 시작했다. 사람들과 잘 지내다 보니 당직 자리를 추천해 주는 분들이 있었고, 그렇게 당직자 역할을 수행했다. 정당에서 활동하면서 마음고 생을 적지 않게 하고, 시간도 많이 썼지만, 덕분에 배우며 성장할 수 있었다.

그렇게 선거운동을 돕고 활동하면서 정치인을 꿈꾸기도 했다. 남을 잘 챙기고 동네의 대소사에 적극 참여하는 내가 정치인이 되어 공식적으로 마을을 아름답고 행복하게 만들어 보고 싶었다. 내가 감히 그런 일을 할 수 있을까. 걱정도 되었지만, 용기를 내고 노력을 하자고 마음먹었다.

매사에 적극적인 성격 덕에 다양한 사람들을 즐겁게 만났다. 식사 자리에서 혹은 차를 마시면서 자연스레 통성명을 했다. 상대방은 나이, 고향, 전공 등을 늘 물었다. 그럴 때마다 대학을 나오지 않은 자신이 싫었다. 부끄럽기도 했다. 정치인은 전문가다운 모습을 보여야 하는데 전문 분야가 없는 사람 같아 자신감이 떨어졌다. 말만 하고 다니는 것 같아 그 상황을 벗어나고 싶기도 했다. 은근슬쩍 다른 이야기로 화제를 돌리기 일쑤였다.

사업이 잘 안되어서 경제적인 어려움도 있었고, 그 문제로 이혼을 한 상태였는데 이런 상황 또한 창피했다. 많은 문제를 안고 사회생활을 하니 좌불안석이 따로 없었다.

정치를 해야 하나, 말아야 하나. 정치인은 모든 신상이 대중에 공개되는 것이 일상이니 걱정이었다. 그래도 하고 싶은 마음이 사그라지지 않아, 문제라고 생각하는 것들은 숨기는 데까지는 감춰보기로 했다. 그러나 얼마 되지 않아 흉흉한 소문이 돌았다. 경쟁자들 사이에서는 나의 이혼이 안줏거리처럼 나돌고 있었다.

그것 말고는 다른 문제가 딱히 없다 보니 이혼이 가장 큰 이슈가 되었다. 이혼의 이유와 과정을 사람들은 소설처럼 만들어 퍼트리고 있었다. 가장 가깝던 사람들이 널리 알리고 있다는 것을 알았을 때는 상처가 컸다.

신경 쓰지 말라는 사람들도 있었고, 스스로도 마음을 다잡기 위해 노력했지만 위축되는 마음은 어쩔 수 없었다. 경제적으로 무너져 있었기에 더욱 힘들었다. 하지만 이미 벌어진 일이니 앞으로 아름답고 행복하게 살면 해결이 될 거라 마음먹었다. 용기를 냈고 주위 사람들과 사회생활을 잘하며 버티기로 했다.

극복하고 싶은 또 하나의 문제는 학력이었다. 직접적으로 학력을 언급하는 사람은 없었지만 자신감을 위해 깊이 고민했다. 찾아보니 한국방송통신대학교는 등록금이 저렴했다. 그런데 진학하고 싶은 학과가 없었다.

전주대학교는 등록금이 만만치 않았다. 또한 수능을 어떻게 칠 것이며, 일하면서 입학 준비가 가능할지 걱정만 쌓였다. 그렇게 마음의 짐을 안고 시간을 보내던 중, 2020년 12월 전주대학교에 붙은 현수막을 보게 되었다. 일을 하거나 직장을 다니면서도 대학 입학이 가능하다는 내용이었다. 게다가 수능을 안 봐도 된다니 눈과 귀가 솔깃했다. 그런데 등록금이 문제였다. 결국 대학의 꿈을 포기했다. 1년 후 2021년 전주대학교에는 동일한 대학 입학 안내 현수막이 붙었다.

운명이구나. '에라 모르겠다'라는 심정으로 입학처에 문의를 했다. 이야기를 들어 보니 등록금은 대출이라도 받아서 일단 납부하고, 그 다음부터는 어떻게든 돈을 벌어서 다니면 될 듯했다. 그래서 졸업증명서 등의 서류를 준비해 전주대학교에 원서 접수를 해 버렸다.

대학, 그것은
구멍 난 인생의 한 구간

유년 시절 학교는 너무 어려운 존재였다. 국민학교에는 이름만 겨우 쓰고 입학했다.

국민학교 입학식 날, 나는 모래가 가득한 운동장에 섰고 선생님은 저마다의 이름을 운동장에 써 보라고 말했다. 하얀 손수건을 가슴에 달고 바닥에 앉아 이름을 썼던 일이 왜 이리 잊히지 않을까?

입학해 보니 친구들도 많고 선생님도 잘해 주셔서 좋은 기억이 남아 있다. 그런데 나는 이름만 쓸 줄 알았지 다른 것은 아무것도 몰랐다. 선생님께 다양한 교과의 내용을 배우기는 했는데 너무 어렵고 험난한 기분이었다. 받아쓰기 시간이 되면 점수를 잘 받은 아이들은 늘 칭찬을 받았는데, 내 노트에는 빨간색 색연필로 표시된 장대비 같은 빗금이 가득했다. 그때부터 빨간색 색연필이 싫었다.

구구단, 받아쓰기 등에서 점수를 제대로 받지 못한 아이들은 남아서 교실 복도를 양초를 발라 가며 닦아야 했다. 청소하면서 구구단을 외우던 나는 그 모든 것이 너무 어려웠다. 부모님은 장사하시느라 우리를 돌볼 겨를이 없었다. 그런데 오빠들과 달리 나만 공부를 못했다. 아마 내가 노력을 하지 않아서였을 것이다.

학창 시절을 돌아보면 수학 때문에 학생으로서의 삶이 꼬인 듯하다. 중학교 때부터 수학은 점점 커져 가는 장애물 같았다. 그때부터 학업은 커다란 바윗돌처럼 느껴졌고 그저 빨리 벗어나고 싶은 존재였다.

졸업 후 분주한 도시로 갔다. 20대에는 평범한 직장 생활을 했다. 또한 청춘의 시절에 누구나 그렇듯이, 나 역시 핑크빛 사랑을 하다 울기도 하고 배신도 당했다. 그때는 세상이 끝난 것 같았지만, 지나고 보니 웃음 지어지는 추억이다. 그러다 일을 하다 만난 남자와 결혼을 했다. 지금은 서로 각자의 길을 가지만, 그때만큼은 행복했다. 이제는 사랑하는 아들, 딸이 내 곁에 있다.

아이들을 키우면서 어느덧 40대 중반이 되었다. 그러다 문득 내 안에 꿈이 있었고 바라던 게 존재했음을 알게 되었다. 그러자 심장이 두근거렸다. 그것이 바로 대학이었다.

아닌 척했지만 사실 대학 나온 친구들이 부러웠고 스스로 부끄러웠던 적이 많다. 사회생활을 할 때도 사람들이 학번과 전공을 물으면 쥐구멍이라도 찾아 숨고 싶었다. 잘못한 것이 없는데도 떳떳하지 못한 기분이었다. 그동안 공부를 멀리했던 나에게 회초리를 들고 싶은 심정이었다. 너무 느슨하게 살았던 걸까 반성도 많이 했다.

물론 삶에서 대학이 전부는 아니지만, 나에게는 그것이 구멍 난 인생의 한 구간 같았다. 이런 마음으로 아이들에게 내 욕심의 대학을 권하고, 인생 로드맵을 이야기할 때는 미안하기도 했다. 그저 공부가 싫어 대학에 진학하지 않았는데, 그 사실을 아이들에게 들킬 것 같아 찔리기도 했다. 딸아이 슈아가 초등학교 때 내 꿈을 물은 적이 있다.

"엄마는 너희들 잘 크고 잘되는 게 꿈이야"

예민하고 까칠한 슈아가 그때 엄마를 어떻게 생각했을지 궁금하기도 하고 부끄럽다. 결혼하고 아이 낳고 살아온 탓에 꿈 자체를 생각해 본 적이 없다. 세월 속에 나를 쳇바퀴처럼 굴려 가면서 그저 평범하게 사는 것이 인생이라고 생각했다.

대학생의 꿈을 이룬 순간

어느 날 사회에 들어가 보니 많은 것들이 보이기 시작했다. 나보다 똑똑하고 잘사는 사람들이 눈에 들어왔고, 멋진 커리어 우먼이 많았다. 나는 깡촌 시골 출신이지만 멋지게 꿈을 이룬 고향 친구들도 많다. 그저 공부 잘하는 친구들의 삶이 따로 있을 거라고 생각하고, 나는 공부하기 싫어하는 아이라고 단정 짓고 살았던 것이다.

어렸을 때 공부를 못하니 항상 소심하게 선생님들 눈치만 봤다. 당시 선생님들은 공부 잘하는 아이들을 대놓고 예뻐했으니, 그 아이들 뒤에 나는 작게 쪼그라든 모습을 감추고 살아왔다. 그런데 2022년, 인생에 봄날을 맞이했다. 바라던 일이 이루어졌으니 행복했다. 전주대학교 신입생이 된 것이다. 내 나이 49세. 늦은 입학이지만 드디어 대학생의 꿈을 이뤘다. 딸과 똑같은 학번이라 조금은 쑥스러웠지만,

은근히 기쁘고 행복했다.

선택한 전공은 문화콘텐츠학과. 문화와 교육의 만남을 통해 인생의 전환점을 맞은 경험이 문화콘텐츠학과에 도전하게 했다. 입학 전부터 나는 생활문화 강사로 활동했기 때문이다. 강사로 참여자들을 만나면서 단순히 지식을 전달하는 것을 넘어 삶과 문화를 연결하는 의미 있는 경험을 했다. 수업마다 참여자들의 눈빛에서 배움에 대한 열정과 문화에 대한 호기심을 발견한 것이다. 이는 문화콘텐츠학과를 선택하게 된 결정적인 계기가 되었다. 생활문화 강사로서의 전문성을 갖출 수 있을 것이고, 괜찮은 사업 준비도 할 수 있을 테니 나에게 적절한 전공이었다.

전주대학교의 학과 소개 영상 속에 등장한 김병오 학과장님의 설명은 이러한 생각을 강화해 줬다. 설명을 들으니 문화콘텐츠학과는 미래를 준비하는 데에 실질적인 도움이 될 전공으로 보였다. 진학할 학과를 정하자 삶을 업그레이드하고 싶은 욕심도 솟구치기 시작했다.

(이제 졸업을 앞둔 시점에 돌아보니 직접 만난 김병오 학과장님은 학생들 저마다의 잠재력을 발견하고 그것을 꽃피울 수 있도록 끊임없이 격려하는 멋진 분이었다. 그의 멘토링은 학문적 조언을 넘어 인생의 나침반과도 같았다.)

이후 원서를 접수하고 합격 통지를 받은 후 합격증을 받았다. 혹시 떨어지면 어쩌나 걱정했는데, 기쁘고 행복했다. 마치 세상을 다 얻은 느낌이었다. 동시에 대학 진학을 굳이 자랑할 이유가 없다는 생각도 들었다. 몰랐던 사람들은 "그럼 대학을 졸업하지 않았던 거야?"라는 반응을 보일 것이 뻔했기 때문이다. 그래서 조용히 대학에 다녀야겠다고 마음을 먹었다. 입학과 함께 뜻밖의 비밀이 생긴 셈이다.

그런데 2학년이 되어 학교 서포터즈를 덜컥 맡았다. '서포터즈 활동을 어떻게 하지. 대학 다닌다는 것을 주변에 말하지 않았는데.' 약간 걱정이 되었지만 맡은 바는 충실하게 수행하자고 결심하고 열심히 활동했다. 하다 보니 나 같은 사람이 많다는 것을 발견했다. 다들 나와 별반 다르지 않다는 것을 안 순간 '내가 바보처럼 생각했구나'라는 것도 깨달았다.

서포터즈를 하면서 나와 비슷한 처지의 학생이나 같은 고민을 하는 분들에게 용기를 주고 좋은 정보를 제공하기 위해 노력했다. 어려운 상황에서도 대학을 다닐 수 있게 이웃을 돕는 것 또한 의미 있는 활동이었다. 이후 나와 비슷한 상황으로 대학 진학을 고민하는 분들에게도 관심이 생겼고, 그런 분들의 새로운 도전을 늘 응원하고 있다.

정치를 하고 싶은 이유

인생의 전환점은 종종 예상치 못한 순간에 찾아온다. 나에게 그 순간은 전주대학교에 입학하면서 시작되었다. 당시 막연한 꿈과 열정만을 가지고 있었고, 어떤 방향으로 나아가야 할지 확신하지 못했다.

대학 입학 전에는 지역사회의 문제를 막연하게만 생각했다. 하지만 전주대학교에서 만난 교수님들과 선배들, 그리고 동료 학생들은 내게 새로운 시각을 제공해 주었다. 그들과의 대화와 토론을 통해 지역사회 변화를 위한 구체적인 방법들을 배우기 시작했다.

지역에서 활동하는 선배들과 전국을 직접 가 보고 체험하고 눈으로 본 현장학습은 안목을 넓혀 주었다. 또한 다른 시각으로 사업 구상을 할 수 있게 했다. 현장학습이 생각의 틀을 바꿔 주는 역할을 한 것이다. 특히 서울 성수동 프로그램은 문화 충격이었다. '어쩌면 이렇게 우리 지역하고 분위기가 다를까.' 콜라보, 팝업스토어 등의 콘텐츠가 성수동에서는 엄청나고 근사하게 눈앞에 펼쳐지고 있었다.

"우리 지역은 인구가 적어서 이런 장면이 없는 걸까? 거대한 서울이기에 이런 콘텐츠가 가능한 걸까? 우리 지역에도 이런 변화를 만들 수 있을까?" 선배, 학우들과 이야기를 나누며 건설적인 그림도 그려 봤다.

나에게는 '우리 지역을 변화시키고 싶다'라는 작은 꿈이 있었다. 어렸을 때는 정치에 관심이 없었고, 내가 정치에 관여한다고 해도 아무도 관심조차 가져 주지 않을 거라고 생각했다. 중년이 되어 보니 그런 마음은 동네에 도움이 되지 않는 거였다. 그래서 정치인이 되어서 마을을 직접 변화시키고 싶었다. 또한 사람들이 '정치는 나와 멀지 않구나'라고 생각하고 관심을 갖게 하기 위해 소통을 많이 하는 정치인이 되고 싶었다.

정치를 하려는 목적은 그리 거창하지 않다. 그저 우리 마을이 풍요롭고 살기 편한 동네가 되었으면 한다. 이런 마음으로 진심을 다해 준비하고 활동하면 많은 분들이 진정성을 알아줄 것으로 믿는다.

전주대학교를 선택한 것도 이러한 열망과 깊은 연관이 있다. 전주는 역사와 문화가 풍부한 도시로, 지역사회의 발전에 대한 내 열정과 완벽하게 맞아떨어졌다. 문화콘텐츠학과는 꿈을 실현할 수 있는 최적의 환경을 제공해 줄 것이라고 확신했다. 단순히 학문을 배우는 것을 넘어 실제 지역사회에 기여할 수 있는 능력을 키우고 싶었다.

회장으로 활동한 학생회

입학 전에는 전주에 있는 대학을 다니면 이곳의 문화를 좀 더 전문적으로 관찰하며 연구할 수 있으리라 예상했다. 또한 대학에서 소통 채널을 다양하게 배운다면 삶의 질을 높이는 정책을 구현하는 역량도 강화될 것으로 기대했다. 그래서 문화콘텐츠학과를 잘 선택한 듯하다.

그런데 입학을 해 보니 생각처럼 쉽지는 않았다. 살짝 포기하고 싶은 생각이 들 정도로 어려웠다. 나와 같은 성인학습자를 대상으로 하는 과정이라 어느 정도는 따라갈 수 있으리라 예상했는데 무척 어려웠다.

수업에 등장하는 용어들을 알아듣지 못해 쑥스러웠고, 학교 채널도 제대로 활용하지 못해 애를 먹었다. 그런데 학우들과 소통해보니 나만 그런 게 아니었다. 모두가 어렵고 힘든 부분이 있다고 했다. 나와 같은 이유로 학업을 포기하고 휴학을 생각했다는 학우들도 있었다. 역시 학교에서도 소통이 필요했다.

어렵게 1학년을 마치고 2학년이 되니 익숙해지기 시작했다. 어려웠던 수업도 처음보다는 수월했고, 관심 수업들도 눈에 띄기 시작하니 욕심이 더 생겼다. 우리 학과 특성상 현장수업이 많다는 점이 적응에 도움이 되었다. 주입식 수업이 아니라 교수님들과 대화를 하면서 토론하는 수업의 방식이 나에게 맞았다. 관심사가 통하면 신나게 이야기하는 성격을 가진 나에게는 제격인 수업들이 많았다.

학우들, 선배들과도 친해졌고, 후배들도 입학했다. 평소 학우들 챙기는 것을 좋아하는데 그러다 보니 감사의 인사도 많이 들었다. 이렇게 수업을 듣고 인간관계를 넓히며 대학 생활을 이었다.

어느 날 다른 학과 선배님에게 학생회 모집 소식을 들었다. 활동하는 것을 좋아하기 때문에 고민 없이 학생회 비상대책위원회에 가입했다. 미래융합대학이 생긴 지 얼마 되지 않아 정식 학생회가 아닌 비상대책위원회였다. 타 과 학생들과 함께 모여 회의를 했다. 다른 과의 소식을 들으니 더욱 흥미로웠다.

회의 끝에는 정식 학생회를 출범하자는 의견이 나왔고 모두 찬성이었다. 그러자 회장을 선출하자는 의견과 함께 회장을 하고 싶은 사람은 손을 들라는 비상대책위원장님의 발언이 들렸다. 서로 얼굴만 쳐다본 채 아무도 손을 들지 않았다. 내심 하고 싶었지만, 과연 잘할 수 있을까 고민했다. 그러다 손이 번쩍 올라갔다. 주위를 보니 여전히 아무도 손을 들지 않았다. 이렇게 나는 회장 후보가 되었다.

위원장님이 다른 분들에게도 의견을 물었지만 모두 고사를 했고, 이렇게 내가 회장이 되었다. 자발적으로 회장이 되었지만 두려움도 밀려들었다. 경험이 없는 탓에 성인학습자들과 소통할 생각을 하니 앞이 캄캄했다. 하지만 위원장님이 용기를 주셔서 걱정을 덜 수 있었다.

성인학습자는 학교생활을 여유롭게 하기가 쉽지 않다. 대부분 직장인, 사업가, 농업인 등으로 활동하면서 학교에서 학업을 잇는 분들이기 때문이다. 이런 학우들이 지치지 않고 함께 완주해 졸업할 수 있는 여건을 만들고 싶었다. 여러 이유로 휴학생이 생기는 것을 볼 때는 안타까웠다. 입학 결정이 쉽지 않았을 텐데, 오죽하면 휴학을 할까. 이런 상황들을 서로 이해하고 잘 이끌어 주는 역할을 하는 회장이고 싶었다. 또한 필요한 부분은 개선을 위해 노력하고 싶었다. 학습권을 위한 환경 개선에도 애를 쓰고 싶었다.

학생회 활동 중 하나는 건물 사용에 대한 것이었다. 우리는 다른 단과대학과 같은 건물을 사용하고 있어 불편한 점이 있었다. 편하게 활용할 공간을 확보하는 것이 시급해 보였다. 이 점을 학장님과 상의했다. 학교의 재정과 연관된 문제라 공간 확보가 수월하지는 않았지만, 학교의 도움으로 학우들이 사용할 수 있는 동아리방 2개와 학생회실 1개를 확보했다. 이는 학우들의 오랜 숙원 사업을 해결한 것으로, 당시 많은 지지를 받았다. 학생회가 실질적인 변화를 이끌어 냈음을 증명한 활동이었다.

학우들의 도움으로 축제를 주최해서 아이들처럼 즐거운 추억도 만들 수 있었다. 처음 축제를 준비할 때는 학생회의 자금이 부족해 고민이었다. 축제를 하려면 돈이 필요했기 때문이다. 학생회 임원들과 회의 끝에 교수님과 학우들에게 축제의 의미와 필요성을 설득하자고 의견을 모았다. 처음에는 당연히 반대 의견들이 있었다. 하지만 우리는 단 하루의 축제이지만 그 안에 담긴 의미를 지속적으로 설명했다. 힘들게 학교를 다니는 학우들과 한자리에 모여 시간을 보낼 수 있는 축제는 서로 응원을 하는 즐거운 소통의 장이 된다는 점도 강조했다. 그러자 축제가 기다려진다는 의견들이 생겼다. 결국 학생회의 활동 덕에 학우들과 재미있는 축제를 무사히 마칠 수 있었다.

회장으로 활동하면서 부회장 이윤호 씨의 도움을 많이 받았다. 동기인 이윤호 씨는 나보다 훨씬 어리지만 행동과 생각이 나보다 더 괜찮을 때가 많은 멋진 친구다. 예를 들어 그는 학교의 행정 부서와 공식 협의 전에 관련 규정을 숙지하여, 논의가 산으로 가지 않도록 명확한 근거를 제시하는 역할을 했다. 공동체 사회에서 지켜야 할 약속과 절차를 한 치의 오차 없이 적용해, 학생회가 감정에 휘둘리지 않고 신뢰받는 조직으로 기능하도록 뒷받침한 일등공신이다. 이렇게 이윤호 씨 같은 든든한 분들이 많아 2024년 제1대 학생회를 잘 운영할 수 있었다.

고마운 인연들

일과 정치 활동을 병행하느라 학교생활이 힘들었지만 학우들과 교수님들의 도움으로 벌써 졸업반이다. 좋기도 하지만 반면 허전한 마음이 더 크다. 입학을 고민한 것이 엊그제 같은데 벌써 졸업이라니.

걱정했던 학비는 국가 장학금과 학교 장학금을 받은 덕에 걱정 없이 해결할 수 있었다. 한국의 장학금 시스템이 훌륭하다는 것을 실감했기에, 이제는 나처럼 걱정하며 대학 진학을 망설이는 분들에게 내가 밟은 과정을 알리는 중이다.

예전에 대학을 갔더라면 학비 때문에 부모님이 고생하셨을 텐데, 작은 효도를 한 기분이다. 나이 든 딸이 학교에 다닌다니 엄마는 기뻐하며 응원을 해 주셨다. 엄마에게 항상 고맙고 죄송하다.

학교에서 만난 인연에도 감사하다. 문화콘텐츠학과에서 만난 언니들, 항상 칭찬해 주신 한향숙·이정해·윤미순 언니, 그리고 큰 용기와 응원을 보내 준 정순미 언니, 친정 언니처럼 잘해 주신 용자 언니, 큰 오빠처럼 걱정과 격려를 아끼지 않고 응원해 주는 박상권 오라버니, 편입생으로 와서 초반에는 조금 어색했지만 지금은 사랑스러운 홍경신 학우, 너무 일찍 가장이 되어 고생 중인 전성훈 씨.

이 글을 쓴다고 작가라고 불러준 희준이, 언니 믿고 학교에 입학해서 잘 다니고 있는 선영이, 그 옆에 쪼꼬미 다원이.

학생회에서 만난 인연인 창업경영학과 노성신 언니, 창경의 문영미 학우, 뒤에서 묵묵히 도와주신 기술경영공학과 이찬수 학우, 농식품경영학과 김석훈 선배님. 이분들이 계셔서 학생회에서 행복하고 즐거웠다. 고맙고 감사드린다.

졸업을 할 수 있게 도와주신 교수님들. 항상 따뜻한 미소를 지닌 동네 오라버니 같은 김병오 교수님. 교수님 덕분에 학교생활 적응이 수월했다. 고민도 잘 들어 주셔서 감사하다.

아인슈타인을 닮은 한동숭 학장님께도 감사드린다. 학생회장을 하다 보니 학장님께 싫은 소리도 좀 했는데, 죄송하다. 학장님 용서해 주실 거죠?

글을 쓸 수 있게 용기를 주시고, 뜻깊은 추억을 만들어 주신 원민 교수님께도 감사드린다. 덕분에 글쓰기라는 여정을 잘 마무리하며 인생의 한 줄을 멋지게 장식할 수 있었다.

문화콘텐츠학과 학우 여러분, 함께해 주셔서 감사합니다.

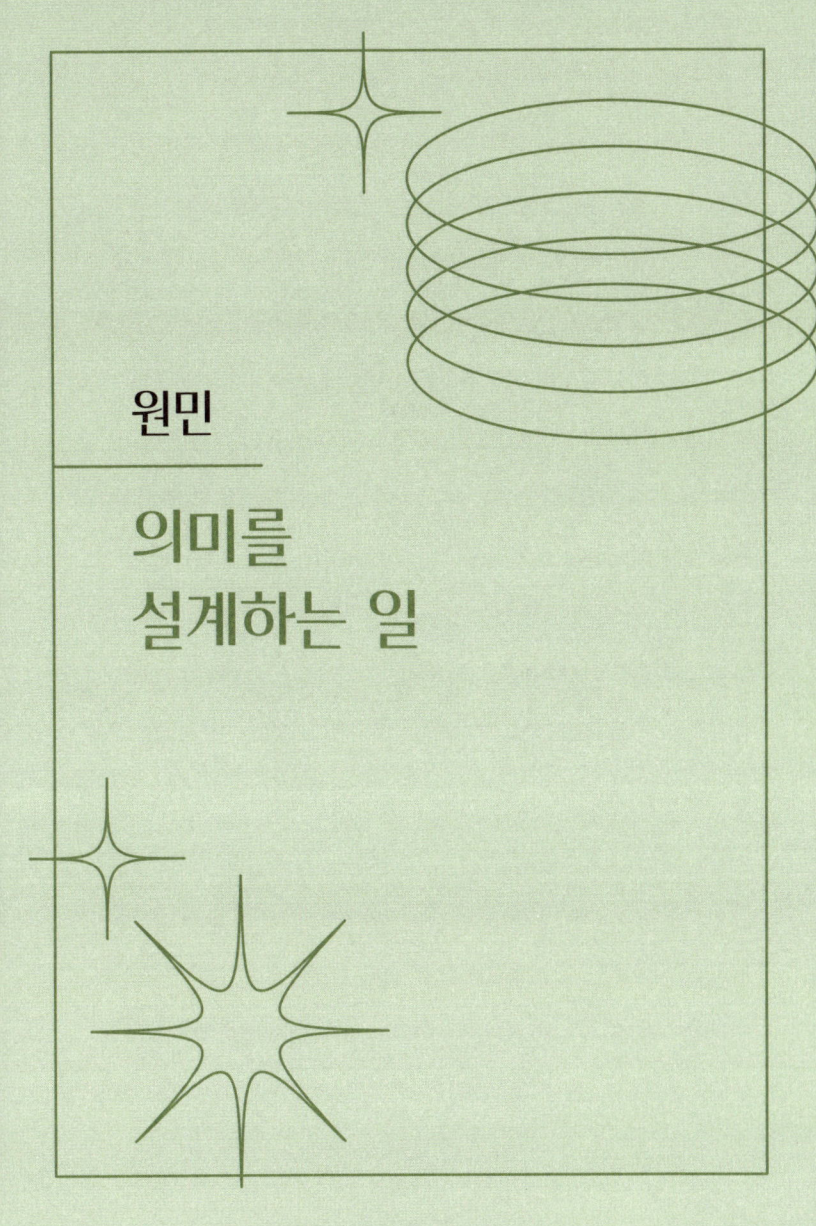

원민

의미를
설계하는 일

퇴사 후, 다시 쓰는
삶의 질문

2023년 겨울, 저는 제주에 있었습니다. 차가운 섬 바람을 맞으며 오래 걷고, 오래 쉬었습니다. 4년 넘게 전주시 사회혁신센터에서 센터장으로 달려온 시간을 마무리하고, 쉼 없이 달려온 호흡을 가다듬기 위해 쉬고 있었습니다. 낮에는 바다를 따라 걷고, 밤이면 미뤄둔 책을 펼치며 온전히 저만을 위한 시간을 가졌습니다. 이제 제법 자라 대화가 통하는 아이들, 그리고 언제나 곁에서 든든하게 지켜 주는 아내와 함께한 시간이, 앞만 보며 달리느라 지쳐 있던 마음을 조용히 가라앉혔습니다.

그렇게 몇 주가 지나자 하나의 문장이 또렷하게 떠올랐습니다. '지금부터 무엇을 하고, 어떻게 살아갈 것인가.' 이 질문은 단순히 퇴사하고 나온 푸념은 아니었습니다.

저는 기획자입니다. 흩어진 현장을 구조로 묶고, 가능성의 실을 잡아 형태를 만드는 일을 오래 했습니다. 축제, 공간, 콘텐츠 등 민간과 공공 가리지 않고 기획을 했던 저에게 기획은 노동이면서 놀이였습니다. 하지만 어느 순간, 성취보다 공허가 자주 찾아왔습니다. 그 이유를 찾아보니, 기획이 끝나면 남는 '지속'이라는 과제이자 숙제 때문이었습니다.

프로젝트는 완수되지만, 왜 어떤 일은 오래 남고 어떤 일은 금세 사라지는가. 이 질문이 마음속에서 오래 머물렀습니다. 그러던 중 우연히 마주한 단어가 있었습니다. '브랜딩'. 그 단어가 마음에 깊게 박혔습니다. '지속'이라는 막연한 숙제를 풀 수 있을 것 같은, 이상하게도 선명한 확신이 들었습니다.

이후 브랜딩 관련 일을 해야겠다는 막연한 생각을 했습니다. 하지만 일단 브랜딩 공부를 시작해야 했습니다. 서점의 브랜딩, 마케팅 코너의 책을 읽는 것으로 저만의 브랜딩 여정의 걸음을 뗐습니다. 유명한 책이든 덜 알려진 책이든, 가리지 않고 대략 1년 동안 약 100권을 읽었습니다.

제도권 연구의 틀을 가진 공부는 아니었습니다. 하지만 현장에서 겪은 실패와 성공을 곁에 두고 읽으니 그동안 쌓아 온 경험과 함께 책 속 문장들이 맞물리며 뇌가 말랑말랑해지는 느낌이었습니다. 기능적 가치와 정서적 가치가 어떻게 얽히는지, 이름과 이야기와 경험이 어떤 결을 만들며 남는지, 나름의 도식이 저만의 연구 노트에 쌓여갔습니다. 그때 저는 조금 들떠 있었습니다. 저만의 연구를 통해 스스로 연구자가 될 수 있겠다는 생각, 그리고 과거와는 다른 방식으로 기획자로서 살아갈 수 있겠다는 기대가 있었습니다.

공부가 깊어지자 자연스레 '교육'이 떠올랐습니다. 배운 것을 나누고, 나눈 것을 다시 배우는 일. 그건 저에게 낯선 흐름은 아니었습니다. 기획자로서 요청을 받아 왔고 그동안 해 온, 강의는 익숙한 영역이었습니다. 하지만 강의의 시간은 기획과는 전혀 다른 의미였습니다. 단순한 결과 공유의 자리가 아닌 함께 사유의 방향을 찾아 가는 시간이었기 때문입니다. 그래서 강의 현장에서는 질문으로 생각의 문을 열어 주는 '교육자'가 되고 싶었습니다.

그간 강의에서 만난 사람들의 현장 이야기와 사연을 곰곰이 복기하며 '브랜딩'과 연결해 봤습니다. 그러자 '브랜딩'은 사업의 기술이 아니라 '존재의 언어'였습니다. 이름을 짓고, 이야기를 만들고, 이미지를 세우는 모든 과정의 바탕에 '나는 누구인가', '나는 왜 이 일을 하는가'라는 물음이 있었습니다. 질문이 깊어질수록 브랜딩은 '삶의 태도'에 가까워졌습니다. 저는 점점 확신했습니다. 브랜딩은 일을 위한 기술이 아니라, 자신을 이해하고 지속하기 위한 공부라는 것을요.

선물처럼 다가온 제주 생활에서 마음은 차분히 가라앉고, 질문은 점점 선명해졌습니다.

'지속 가능한 일은 무엇인가.' '나는 어떤 존재인가.' '어떤 언어로 나를 써야 하는가.'

대답은 쉽게 나오지 않았지만, 그 물음들은 분명 인생의 방향을 조금씩 바꾸어 놓고 있었습니다. 어딘가로 향해야 할 이유가 아니라, 저만의 방식으로 일을 다시 시작해야 할 이유를 묻는 질문이었습니다. 어쩌면 그때부터 저는 '일'이 아니라 '의미'로 살아가는 방법을 배우기 시작했는지도 모르겠습니다.

그렇게 마음이 고요해지고 나니 다시 움직이고 싶어졌습니다. 휴식이 두 달쯤 지나자 몸이 먼저 신호를 보냈습니다. 집으로 돌아갈 준비를 하며, 하고 싶은 일들을 차근히 적었습니다. 현장의 기획은 계속하되, 배움과 나눔의 비중을 조금 더 키우자는 계획이었습니다.

육지로 돌아가는 배에 오르기 전, 저는 마지막으로 제주의 바다를 바라보며 생각을 정리했습니다. 이제는 방향을 바꿔 나아가야겠다는, 묘한 확신이 들었습니다. 그때 전화가 울렸습니다. 보통이라면 모르는 번호라서 받지 않았을 텐데, 그날은 이상하게 통화 버튼을 눌렀습니다.

"전주대학교 미래융합대학 문화콘텐츠학과장입니다. 이번 학기에 수업을 맡아 주실 수 있을까요?"

당황스러웠습니다. 아직 스스로를 '공부 중인 사람'이라 여겼기 때문입니다. 현장에서의 경험은 자신 있었지만, 대학 강의실은 또 다른 역량과 언어를 요구한다는 것을 알고 있었습니다. 감사한 제안이었지만 망설였습니다. 한편으로는 제주에서 그려 둔 새로운 삶의 방향이 조용히 마음 한편에서 빛나는 듯했습니다.

'현장을 먼저 보고, 기능과 정서를 함께 설계한다.' 대학교 강단에 선다 해도 이 방향은 바뀌지 않을 것 같았습니다. 그러자 어렴풋이 알았습니다. 대학 강의는 삶의 또 다른 전환점이 될 것이라는 것을.

그때 제안받은 수업은 기획 수업과 브랜딩·마케팅 수업이었습니다. 기획은 고민할 필요가 없었지만 브랜딩 수업은 처음이라 망설여졌습니다. 1년간 읽고, 나누고, 정리한 연구들이 떠올랐습니다. 강의는 가르치는 일이면서 동시에 배우는 일이라는 생각이 결심을 밀어주었습니다. 저는 "하겠습니다."라고 답했습니다.

제주에서의 쉼은 방향을 선명하게 해 줬습니다. 기획자로서의 지난 시간은 결코 헛되지 않았습니다. 다만 그것을 오래 지속하기 위한 언어가 필요했을 뿐입니다. 그 언어가 바로 브랜딩이었고, 그 언어를 사람들과 함께 새겨 넣는 교수자라는 정체성이 새롭게 인생에 주어진 것입니다. 교수자, 그리고 연구자. 그 이름은 직함이 아니라 태도라고 생각합니다. 세상과 일, 사람을 바라보는 새로운 방식이자, 배움과 나눔을 이어 주는 하나의 길이 될 것이라 믿으며 학생들과의 첫 만남을 준비했습니다.

두 번째 여정을 위한 곳,
전주대학교 미래융합대학 미네르바학부

전주대학교 첫 강의 날, 교정으로 들어서는데 미래융합대학의 수업이 진행되는 자유관의 많은 포스터 사이에 문장 하나가 눈을 붙잡았습니다.

"일하면서 학위 취득! 여러분은 배움에만 집중하세요."

짧은 문장이었지만, 대학의 교육 철학이 압축된 인상 깊은 문구였습니다. 전주대학교 미래융합대학, 그리고 그 안의 미네르바학부는 배움을 잠시 내려놓았던 사람들에게 다시 문을 여는 곳입니다. 이곳에서 배움은 특정한 시기에만 허락된 특권이 아니라, 삶의 어느 순간에도 다시 시작될 수 있는 권리입니다. 그래서 생각했습니다. 배움은 한 인간이 자신의 문장을 다시 써 내려가는 또 하나의 언어라는 것을. 그 깨달음이 첫 강의 날부터 지금까지 마음에 깊게 남아 있습니다.

'일하면서 학위 취득.'

아마 눈치 빠른 분들은 짐작하셨을 겁니다. 전주대학교 미래융합대학은 수능을 치르고 입학한 열아홉 대학생을 위한 곳이 아닙니다. 이곳은 삶의 한가운데에서 다시 배움을 선택한 사람들, 늦깎이 대학생, 즉 성인학습자들을 위한 대학입니다. 다시 공부하고 싶지만, 시간도 여건도 마음처럼 따라 주지 않아 고민하는 분들. 미래융합대학은 바로 그런 상황의 사람들을 위해 존재합니다. 낮에는 일하고 밤에는 배우는 재직자, 가정을 돌보며 다시 공부를 시작한 부모, 혹은 인생 2막을 준비하는 퇴직자까지. 이곳의 학생들은 자기만의 '두 번째 여정'을 걷고 있습니다.

대학의 제도와 운영은 철저히 그들의 삶을 기준으로 설계되었습니다. 수업은 온라인과 오프라인을 병행하는 블렌디드 방식으로 진행됩니다. 학생들은 자신의 일정에 맞춰 화·목 저녁 수업이나 토요일 집중 수업을 자유롭게 선택합니다. 시간이 부족한 사람에게도 배움의 문이 닫히지 않도록, 모든 구조가 '유연성' 위에 세워져 있습니다. 또한 직무 경력을 학점으로 인정하는 제도는 오랜 현장 경험을 학문으로 이어 주는 통로가 되기도 합니다. 졸업 기준 학점 중 일부를 경력으로 채울 수 있고, 조기 졸업 역시 가능합니다.

이와 함께 미래융합대학은 학생들의 경제적 현실도 살핍니다. '국가 장학금'을 비롯해 '희망 사다리 장학금', 그리고 다양한 교내외 장학제도가 누구나 큰 부담 없이 배움의 길을 이어 가게 합니다.

전주대학교 미래융합대학은 대한민국 성인학습자 교육의 새로운 모델이라고 확신합니다. 늦게 시작한 공부라도 쉽게 지치지 않도록, 학생들이 스스로의 속도로 꾸준히 성장할 수 있도록 돕습니다. 제도보다 배움에 열정이 있는 학생이 중심인 대학입니다. 배움을 다시 시작한다는 건, 단순히 공부를 재개하는 것이 아니라 삶을 새롭게 설계한다는 뜻이니까요.

미래융합대학의 교육 과정은 미네르바학부, 로컬벤처학부, 창업경영금융학과, 반려동식물학과, 친환경자동차학과로 구성됩니다. 전공들은 산업과 지역, 그리고 사람의 삶을 중심에 둔 미래지향적 교육을 지향합니다. 저는 미네르바학부와 로컬벤처학부의 초빙교수로 강의를 맡고 있고요. 두 학부 모두 시대의 변화를 빠르게 읽고, 현장과 사람을 연결하는 '실천형 학문'을 다룹니다. 그중 미네르바학부는 이 책의 출발점입니다.

'미네르바Minerva'는 고대 로마 지혜의 여신에서 비롯된 명칭입니다. 이름이 상징하듯 미네르바 학부는 지식과 실천, 사고와 경험이 만나는 교차점에 서 있습니다. 학생들은 배우는 존재를 넘어 자신의 삶과 현장을 학문 속으로 끌어와 새로운 지혜를 만들어 내는 사람이 됩니다. 그래서 학부의 교육은 언제나 현실과 맞닿은 철학 위에서 작동합니다. 이를 반영하는 미네르바학부의 교육 가치는 다음과 같습니다. 성인학습자의 삶을 지탱하는 구조가 되는 가치입니다.

미네르바학부 교육의 네 가지 가치

글로컬Glocal, **인공지능**AI, **온오프믹스**On-Off Mix, **리더스클럽**Leaders Club

글로컬 — 세계를 살피고, 로컬을 설계하다

첫 번째 축은 글로컬입니다. 우리는 세계를 배우되, 시선은 언제나 지역으로 향합니다. 학생들은 글로벌 트렌드를 선도하는 국내외 주요 도시를 직접 탐방하며, 기업과 공동체의 혁신 사례를 몸으로 체득합니다. 그 경험은 '우리 지역의 문제를 어떻게 풀 것인가'라는 질문으로 이어집니다. 세상을 넓게 보고, 지역을 깊게 읽는 힘, 그것이 미네르바가 말하는 글로컬 역량입니다.

인공지능 — 일 잘하는 사람들의 새로운 언어

두 번째 축은 인공지능입니다. AI는 이제 기술이 아니라, 일 잘하는 사람들의 언어가 되었습니다. 미네르바학부의 전공 수업은 최신 AI 도구를 적극적으로 활용하며, 학생들이 기술을 '두려워하지 않고 활용하는 법'을 배우도록 합니다. 스마트러닝, 데이터 분석, 자동화 시스템 등 AI 기반 학습 환경 속에서 학생들은 더 효율적이고 창의적인 일의 방식을 익힙니다. 기술은 인간의 경쟁자가 아니라, 가능성을 확장하는 파트너라는 사실을 이곳에서 매 학기 체험하게 됩니다.

온오프믹스 — 당신의 시공간으로 찾아가는 대학

세 번째 축은 온오프믹스, 즉, 온라인과 오프라인을 넘나드는 유연한 배움의 방식입니다. 이론 중심 수업의 절반 이상은 온라인으로 진행되어 언제, 어디서나 강의를 시청할 수 있습니다. 학습자 중심의 토론과 워크숍은 전주대학교 캠퍼스에서 대면으로 이루어집니다. 특히 교과목 단위로 기획된 현장 중심 수업은 전국 주요 5개 도시를 순회하며 진행됩니다. 강의실이 학생에게 찾아가는 대학, 시간과 공간이 배움의 한계가 되지 않는 구조, 그것이 바로 미네르바의 학습 방식입니다.

리더스클럽 — 리더를 만나, 리더로 성장하다

마지막 축은 리더스클럽입니다. 이곳은 단순한 동문 네트워크가 아니라, 함께 성장하며 변화를 이끄는 리더들의 공동체입니다. 학생과 졸업생, 교수진이 한자리에 모여 각자의 경험과 지식을 나누고, 서로의 배움을 확장시키며 집단 지성의 힘을 만들어 냅니다. 리더를 만나면서, 어느새 자신이 또 다른 리더로 성장해 가는 곳. 그것이 미네르바학부가 꿈꾸는 배움의 순환입니다.

이 네 가지 축은 '평생학습'이라는 단어를 현실로 구현하는 시스템입니다. 그 안에서 학생들은 나이, 직업, 배경을 넘어 각자의 속도와 방식으로 배우고 성장합니다. 강의실은 단순히 수업이 이루어지는 공간이 아닙니다. 그곳은 서로의 이야기가 오가며 생각이 자라고, 삶과 삶이 연결되는 따뜻한 자리입니다.

저는 강의를 하며 종종 이런 생각을 합니다. '이곳은 인생이 새롭게 시작되는 곳이다.' 누군가는 새로운 기술을 배우며 자신감을 되찾고, 누군가는 오랜 고민을 정리하며 삶을 정돈합니다. 그 변화의 순간들을 지켜보는 일은 교수로서 가장 큰 보람입니다.

미네르바학부는 전주대학교 미래융합대학 안에서 '사람의 언어'와 '기술의 언어'가 만나는 교차점에 서 있습니다. 인문적 통찰과 인공지능·기술혁신 실무역량을 함께 체득할 수 있는 '인문+공학 융합형 교육 과정'을 운영하고 있기 때문입니다. 학생들은 감성과 논리를 함께 훈련하며, 현장의 문제를 창의적으로 해결할 능력을 기릅니다.

이곳에서는 기술경영공학과 문화콘텐츠학이라는 서로 다른 언어를 쓰는 두 학문이 '융합과 협력'이라는 철학 아래 하나로 이어지고 있습니다. 그 속에서 기술의 흐름을 읽으면서도 사람의 마음을 이해할 줄 아는 전문가로 성장합니다.

제가 강의를 맡고 있는 문화콘텐츠학과는 세상을 이야기로 이해하는 학문입니다. 콘텐츠는 한 사람의 경험과 감정, 그리고 생각이 세상과 연결되는 방식입니다. 그래서 학생들은 콘텐츠를 배우지만 스스로를 이해하고 배우는 시간을 마주하기도 합니다. 콘텐츠란 결국 '나의 세계를 타인에게 전하는 언어'이기 때문입니다.

문화콘텐츠학과는 창의력과 실무역량을 동시에 기르는 학문입니다. 콘텐츠 기획, 디지털 스토리텔링, 로컬 브랜드 개발, SNS 마케팅, 영상 제작 등 다양한 분야의 수업과 프로젝트를 통해 생각을 현실로 구현하는 법을 배웁니다.

미네르바학부의 커리큘럼은 '이론-실습-현장'의 순환 구조로 구성됩니다. 필수 교과목으로는 논리적문제해결 I·II, 문화콘텐츠입문, 소셜콘텐츠제작실습 등이 있습니다. 그 외에도 학생의 진로 방향에 따라 로컬 비즈니스 분석, 콘텐츠 트렌드 분석, 디지털 스토리텔링, AI 플랫폼 활용 실습, 콘텐츠와 도시재생 등 다양한 과목을 선택할 수 있습니다.

교실 밖, 온라인에서도 배움은 이어집니다. 서비스경험디자인, 콘텐츠기획, 도시재생 등 학과 수업은 시간이 부족한 학생들을 위해서 사이버캠퍼스에서도 수강이 가능합니다. 또한 비교과 프로그램, 현장 견학 등을 통해 실질적인 경험을 쌓기도 합니다. 이론이 현실로 연결되고, 현실이 다시 학문으로 돌아오는 선순환의 구조인 것입니다.

문화콘텐츠학과의 졸업생들은 디지털 마케터, 콘텐츠 크리에이터, 로컬 브랜드 기획자, 도시재생 전문가, AI 기반 마케팅 분석가, 창업 컨설턴트 등 다양한 분야로 진출할 수 있습니다. '나의 이야기를 세상과 나누는 일'이 직업이 되는 셈입니다. 배움은 지식을 쌓는 일이 아니라, 스스로의 이야기를 세상과 연결하는 일이라는 믿음. 그 믿음이 문화콘텐츠학과의 중심입니다.

성인학습자에게
배운 것들

한국 사회는 '다시 배우는 사람들'로 움직이고 있습니다. 과거와 달리 배움은 인생의 어느 시점에서든 다시 시작할 수 있는 순환의 여정이 됐습니다. 기술의 발전 속도가 너무 빠르고, 일의 형태는 끊임없이 변합니다. 그러니 멈춰 있으면 도태되는 시대, 학습은 더 이상 선택이 아니라 생존의 조건이 되었습니다.

우리는 라이프러닝 시대를 살고 있습니다. 교육부의 통계에 따르면, 성인의 60% 이상이 최근 1년간 어떤 형태로든 학습에 참여했다고 합니다. 직장을 다니며 자격증을 준비하는 사람, 퇴근 후 온라인 강의를 듣는 부모, 은퇴 후 새로운 꿈을 꾸며 대학의 문을 다시 두드리는 사람들. 그들은 인생의 절반을 건너 다시 책을 펼친 사람들입니다. 이들이 성인학습자입니다.

전주대학교 미래융합대학은 이런 성인학습자들을 위해 존재합니다. 낮에는 일하고 주말, 밤에는 배우는 재직자, 가정을 돌보며 동시에 공부하는 부모, 인생의 2막을 준비하는 퇴직자까지. 이곳의 학생들은 모두 '삶과 배움'을 병행하는 사람들입니다.

그들의 열정과 태도는 놀랍고 감동적입니다. 그들은 누가 시켜서 배우는 사람이 아니라, 스스로 필요해서, 그리고 간절해서 배우는 사람들이기 때문입니다. 그 간절함이 만들어 내는 공부는 조용하지만 단단하고, 결국 그 진심이 우리 대학의 가장 큰 힘이 됩니다.

강의실에 들어서면, 늘 저보다 많은 삶을 살아온 제자들을 만납니다. 학생들의 나이는 다양합니다. 20대의 직장인부터 50~70대의 학습자까지. 누군가는 일을 병행하고, 누군가는 아이를 키우며, 또 누군가는 퇴직 후 새로운 진로를 위해 다시 공부를 시작합니다. 학생들의 이력서는 삶의 궤적이 되어 이미 한 편의 인생사를 이루고 있습니다.

수업이 끝나고 교실을 나서려다 보면 누군가는 발표를 준비하며 늦은 시간까지 남아 있고, 누군가는 아이를 데리러 가야 한다며 서둘러 자리를 정리합니다. 삶과 공부가 맞물려 있는 그들의 하루는 언제나 분주하지만, 그 안에는 확신이 있습니다. 배움이 삶을 더 견고하게 만든다는 믿음이 존재합니다.

덕분에 저 역시 학생들에게 배우는 것이 적지 않습니다. 4학년 학생이 제게 말한 적이 있습니다.

"교수님, 저는 공부가 이제야 제자리를 찾은 것 같아요. 이제 교수님이 말씀하신 내용이 깊게 이해가 돼요."

제 마음에 오래 남은 말씀입니다. 힘든 여정이었지만 끝까지 포기하지 않고 성장해 나가는 그의 노력을 직접 목격한 기쁨 때문이었습니다. 낮에는 회사를 운영하고, 주말에는 수업에 참여하며 브랜딩 수업을 듣던 그의 얼굴에는 생기가 넘쳤습니다. "하루가 너무 짧아요." 라며 활짝 웃던 학생을 보며, 배움은 사람을 살아 있게 만드는 일이라는 것을 새삼 깨달았습니다. 또 다른 학생의 말도 떠오릅니다.

"수업을 들으며 직장에서 사람들을 다르게 보기 시작했어요. 처음에는 수업이 일과 큰 관련이 없다고 생각했는데, 알고 보니 제 일에도 그대로 적용되더라고요."

성인학습자가 배움을 대하는 방식과 교육자가 가져야 할 시선이 함께 담긴 말입니다. 교육의 본질을 다시 일깨워 준 순간이었습니다.

성인학습자는 이미 저마다의 현장에서 수많은 문제를 마주하며 살아온 사람들입니다. 그래서 그들에게 공부란 자신의 삶과 일을 새롭게 바라볼 수 있게 만드는 사유의 도구입니다. 이 학생은 바로 그 지점을 통과한 것입니다.

하루는 한 학생이 커피 한잔을 하자며 연락을 줬습니다. 별다른 생각 없이 나간 자리였는데, 알고 보니 진로 상담이었습니다.

"교수님, 앞으로 저는 어떻게 살아가면 좋을까요?"

이제 막 고등학교를 졸업한 청년이라면 흔히 할 수 있는 고민입니다. 하지만 그 학생은 이미 60대, 오랜 세월 자신만의 사업을 성공적으로 이끈 분이었습니다. 저보다 훨씬 많은 삶의 경험을 가진 분이었기에, 순간 당황스러웠습니다. 속으로는 '이 나이에도, 그 자리에서도 여전히 이렇게 진지하게 삶을 고민하시는구나'라는 생각에 놀라웠습니다.

경험을 바탕으로 몇 가지 조언을 드렸지만, 그분의 인생에 비하면 제 답은 아마도 한참 부족했을 것입니다. 하지만 그날의 대화는 제게 큰 배움이 되었습니다. 배움이란 나이를 넘어 스스로에게 끊임없이 질문을 던지는 태도라는 것을, 그분이 제게 몸소 보여 주셨기 때문입니다. 그날 이후 저는 강의실에서 학생들을 볼 때마다 생각합니다. 배운다는 것은 겸손해지는 일이며, 스스로의 삶에 대해 다시 묻는 용기를 잃지 않는 일이라는 것을요.

자신의 일과 삶을 공부와 함께 이어 가다 보니, 그만큼 학생들의 배움은 치열합니다. 아무리 쉽고 재미있게 가르친다 해도, 뒤늦은 나이에 무언가를 새롭게 배운다는 것은 생각처럼 간단하지 않습니다.

그럼에도 퇴근 후 피곤한 몸으로 교실에 앉아 있는 그들의 눈빛은 언제나 반짝입니다. 그 눈빛은 때로 서로에게 전해져, 함께 배우는 학우들 사이에 동료애와 끈끈한 연대감을 만들어 냅니다.

그들의 배움의 방식을 보며 매번 많은 것을 배웠습니다. 그들은 이론을 외우지 않습니다. 대신 자신의 경험 속에서 의미를 찾아내고, 수업에서 다룬 개념을 삶의 언어로 바꾸어 현실 속에서 검증합니다. 그들의 공부는 머리로만 하는 학습이 아니라, 몸과 마음으로 하는 깨달음의 과정입니다.

우리 학교 학생들은 질문도 남다릅니다. "이건 시험에 나오나요?"가 아니라 "이건 현장에서는 교과서처럼 작동되지 않아요." "이 내용을 제 일에 적용해 본다면 어떤 방법이 좋을까요?"라는 '현장형 질문'이 생생합니다. 우리의 수업은 일방향의 강의가 아니라, 교수와 학생의 생각이 서로를 비추며 맞닿는 대화의 공간이 됩니다.

이렇듯 학생들의 질문이 제 사고를 자극하고, 그들의 경험이 제 이론을 수정합니다. 저도 학생들 덕분에 학기마다 새롭게 성장합니다. 가르친다는 일은 결국, 다른 사람을 통해 자신을 배우는 일임을 이제는 분명히 알게 되었습니다.

성인학습자들의 배움은 제게 또 하나의 교과서입니다. 그들의 진심과 노력, 그리고 묵묵한 열정은 앞으로 어떤 마음으로 살아가야 할지를 조용히 일러 줍니다. 학생들의 존재는 늘 같은 깨달음을 남깁니다. 배움에는 정해진 시기도, 늦은 때도 없습니다. 지식은 전달로 끝나지만, 배움은 사람의 마음에서 시작해 다시 사람에게 돌아갑니다. 가르치면서 배우고, 배우면서 살아가는 일, 그것이 제가 교육자로서 받은 가장 큰 수업입니다.

책 쓰기 프로젝트,
함께 쓰는 배움

수업을 하면서 여러 학생에게 이런 말을 들었습니다. "교수님, 다른 학과는 졸업할 때 자격증이라도 남는데 우리 학과는 손에 잡히는 게 없어요." 맞는 말이었습니다. 콘텐츠라는 분야는 이렇다 할 자격이 있는 것이 아닙니다. 브랜드 관리사, 경영지도사 자격증이 있지만, 우리 학과와는 결이 다른 자격증입니다. 학생들에게는 그 부분이 아쉬웠을 겁니다.

그들의 말에는 전공을 통해 자신이 성장했음을 눈에 보이는 무언가로 남기고 싶다는 바람이 느껴졌습니다. 그날 이후 곰곰이 생각했습니다. '무엇이 학생들에게 진짜 남을 수 있을까?'

처음에는 자격증 취득반을 열어 볼까 생각했습니다. 하지만 현장에서 자격증의 실질적인 한계를 오래 보았기에 그 생각은 멈췄습니다. 물론 취업을 준비하는 학생들에게는 도움이 되겠지만, 성인학습 자들에게 필요한 것은 스펙이 아니라, 자신의 생각을 말할 수 있는 힘이었습니다. 그때 문득 떠올랐습니다.

'책 쓰기.'

책은 생각과 경험을 스스로 구조화하고, 그 과정을 통해 다시 배우는 가장 깊은 배움의 형식입니다. 책을 쓰는 것은 자신의 존재를 언어로 정리하는 행위입니다. 그렇다면 이것이야말로 문화콘텐츠학과 학생들에게 가장 어울리는 결과물이 아닐까요. 게다가 완성된 책은 또 하나의 성취이자, 작가로서의 커리어도 남습니다. 이런 생각이 떠올랐던 이유는, 제가 출간한 두 권의 책이 일의 방향을 확장시키고 새로운 기회를 열어 주었기 때문입니다.

'책 쓰기 프로젝트'를 졸업을 앞둔 4학년 학생들에게 제안했습니다. "한 학기 동안, 저마다의 이야기를 책으로 남겨 보면 어떨까요?" 제 말에 학생들은 잠시 서로의 얼굴을 바라보았습니다. "제가 책을 쓸 수 있을까요?" "저는 글을 잘 쓰지 못하는데요." 두려움과 설렘이 동시에 묻어나는 표정이었습니다.

"책은 완벽한 사람이 쓰는 게 아닙니다. 자신의 삶을 정리하고 싶은 사람이 쓰는 겁니다."

그 말에 몇몇 학생들이 고개를 끄덕였습니다. 그렇게 4학년 학생네 명이 참여 의사를 밝혔습니다. 홍경신 님, 박상권 님, 송미라 님, 그리고 홍재희 님이었습니다. 홍재희 님은 3학년이지만, 열정적인 태도로 4학년 수업을 함께 듣던 학생이었고, 책 쓰기 프로젝트 참여 제안에도 기꺼이 손을 들어 주었습니다. 그렇게 저를 포함하여 다섯 사람이 책 쓰기 프로젝트 'Chapter 5'의 여정을 시작했습니다.

'Chapter 5'라는 이름은 공동 저자 다섯을 뜻합니다. 책 쓰기 프로젝트의 첫걸음은 각자가 품고 있는 출판의 꿈을 꺼내는 일에서 시작되었습니다. 우리는 함께 모여 책을 쓰고 싶은 이유, 책을 통해 남기고 싶은 것들을 이야기했습니다.

그 과정에서 자연스럽게 방향이 잡혔습니다. 늦게 다시 시작한 대학 생활이 각자의 삶에 어떤 의미였는지, 그 배움 속에서 무엇을 느끼고, 또 어떻게 다시 용기를 얻어 새로운 행복을 찾게 되었는지를 담기로 했습니다. 그래서 Chapter 5는 '다시 배우는 삶'의 기록이자, 배움을 통해 자신을 재발견한 다섯 사람의 기록이 되었습니다.

프로젝트 Chapter 5의 첫 번째 과제는 단순했습니다. 일단 글을 써 보는 것. 각자 분량을 정하고, 책의 방향에 맞게 글의 구조를 세웠습니다. 입학 전의 이야기, 학교생활 속에서의 경험, 그리고 대학 이후의 변화 등으로 구성했습니다. 하지만 막상 시작하자 현실의 벽이 느껴졌습니다. 대부분에게 많은 분량의 글을 뚝딱 쓴다는 것은 부담이었습니다.

방향이 수정되었습니다. "학기 중에는 서로 너무 바쁘니, 방학 동안 몰입해서 써 보면 어떨까요? 한 번에 완성하려 하지 말고, 한 문단씩 천천히 써 봅시다." 그렇게 '여름방학 특별 글쓰기 챌린지'가 시작되었습니다. 방학 동안 우리는 매주 만났습니다. 각자 써 온 글을 공유하고, 피드백을 나누며 조금씩 완성도를 높여 갔습니다. 그 과정은 서로의 삶을 듣고 이해하는 작은 세미나이자 성장의 시간이었습니다.

한 문장씩 쌓아 올린 글들이 점차 하나의 이야기로 이어지고, 그 이야기들이 다시 자신을 비춰 주는 거울이 되었습니다. 그렇게 Chapter 5의 여름 챌린지가 시작되었고, 우리는 모두 '글을 쓴다'는 것이 단순히 문장을 적는 일이 아니라 삶을 다시 배우는 일이라는 사실을 깨닫기 시작했습니다.

한 주에 한 번씩 진행된 글쓰기 챌린지는 기대 이상으로 효과가 있었습니다. 약속된 시간을 지키며 꾸준히 글을 써 나갔고, 학생들이 정해진 분량을 거의 완성할 수 있었습니다. 한 문장씩 쌓아 가던 글이 점점 하나의 이야기로 엮이자 비로소 우리는 '이제 정말 책이 나올 수 있겠구나'라는 실감을 했습니다.

진짜 시작은 그때부터였습니다. 글의 초고가 완성된 후, 다음 과제는 '책답게 만드는 일'이었습니다. 원고를 다듬고 구성하고, 문장의 호흡을 맞추는 일은 생각보다 쉽지 않았습니다. 하지만 학생들은 치열하게 그 과정에 몰두했고, 정성을 다한 글은 한 권의 책으로 완성할 수 있었습니다.

이후의 고민은 책을 알리는 것이었습니다. 브랜딩과 마케팅을 배우는 학과에서, 조용히 책을 내놓는 것은 어딘가 어색합니다. 그래서 제안했습니다. "크라우드 펀딩을 한번 해 봅시다." 저 역시 펀딩 경험이 많지 않아 동료인 김미애 교수님께 도움을 요청했고, 교수님은 흔쾌히 특강을 진행해 주셨습니다. 그날 우리는 펀딩의 원리와 사례를 배우며, 직접 프로젝트 계획서를 작성하기 시작했습니다.

결과는 놀라웠습니다. 크라우드 펀딩을 통해 일정 금액이 모였고, 우리는 공동 저자로서 커다란 용기를 얻었습니다. 이러한 과정은 단순히 책을 내는 절차가 아니었습니다. 학생들에게는 브랜딩과 마케팅 실천의 수업, 저에게는 교육이 현실로 이어질 수 있다는 증명이었습니다. 우리의 책에는 배움의 흔적과, 노력이 켜켜이 쌓여 있습니다.

글을 쓰는 일은 깊은 내면의 작업이었습니다. 학생들은 글을 쓰며 삶을 차근히 되짚어 보았습니다. 누군가는 가족의 이야기를 꺼냈고, 누군가는 일터에서 겪은 실패의 기억을, 또 누군가는 늦깎이로 다시 공부를 시작하며 느꼈던 두려움을 써 내려갔습니다. 수업 시간에는 쉽게 드러나지 않던 진심이 글이라는 언어를 통해 조용히 모습을 드러냈습니다.

그 문장들 속에는 고단한 일상과 후회, 그리고 무언가를 해내겠다는 다짐과 의지가 담겨 있었습니다. 어쩌면 학생들은 글을 통해 자신을 치유하고 있었던 것 같습니다. 적어 내려가는 한 문장이 자신을 정리하고, 정리된 문장이 다시 자신을 일으켜 세우는 경험 말입니다.

책 쓰기 프로젝트의 가장 큰 의미는 '혼자 쓰는 글'을 '함께 쓰는 배움'으로 확장했다는 점이었습니다. 서로의 이야기를 읽고 공감하며, 때로는 조언하고 격려하는 과정 속에서 학생들은 서로를 배웠습니다. 누군가의 문장에서 자신을 발견하고, 누군가의 이야기를 통해 용기를 얻었습니다. 수업 시간에는 미처 나누지 못했던 대화들이 글을 매개로 자연스럽게 이어졌습니다.

그 과정을 지켜보며 다시 깨달았습니다. 배움이란 '함께 성장하는 일'이라는 것을요. 그래서 책 쓰기 프로젝트는 서로의 마음이 만나 한 권의 이야기를 완성해 가는 공동 창작의 장이 되었습니다.

책 쓰기 프로젝트에 큰 힘이 되어 주신 미네르바학부 학부장님, 김병오 교수님께 각별한 감사를 전하고 싶습니다. 책 쓰기 프로젝트를 처음 제안했을 때부터 끝까지 아낌없이 응원해 주시고, 출판이 이루어질 때까지 물심양면으로 지원해 주셨습니다. 덕분에 학생들과 함께한 여정을 무사히 완주할 수 있었습니다. 교수님의 격려와 믿음이 없었다면 이 책은 아마 세상에 나오지 못했을 것입니다.

앞으로도 책 쓰기 프로젝트가 문화콘텐츠학과의 전통으로 이어져, 더 많은 학생들이 글을 통해 자신을 발견하고 세상과 연결되는 경험을 하길 바랍니다.

배움은 언제나
서로에게서 온다

책 쓰기 프로젝트를 진행하며, 학교에서 교수자로 보낸 시간을 되돌아보았습니다. 그 시간은 오히려 저 자신이 배우는 일이었습니다. 'Chapter 5' 프로젝트를 통해 '가르침'의 의미를 새롭게 정립할 수 있었습니다.

예전에는 가르침을 지식을 가진 사람이 배우고 싶은 사람에게 흘려보내는 일방적인 과정이라고 여겼습니다. 하지만 이제는 분명히 말할 수 있습니다. 가르침은 일방향이 아니라, 순환이라는 것을요. 그것을 세 가지 키워드로 소개하면 다음과 같습니다.

1. 서로의 경험이 이어질 때 완성되는 배움

수업을 하다 보면 그런 순간이 찾아옵니다. 교수와 학생의 경계가 사라지고, '가르침'과 '배움'의 구분이 무의미해지는 순간 말입니다. 그때는 대개 제가 무언가를 설명할 때가 아니라, 학생이 자신의 경험을 들려줄 때입니다.

한 학생이 이렇게 말한 적이 있습니다. "교수님, 학교에서 배우는 것이 제 일에서는 조금 다르게 작동하는 것 같아요." 그 짧은 한마디가 강의실의 공기를 바꾸는 듯했습니다. 조용히 노트를 적던 다른 학생들이 고개를 들고, 현장의 이야기에 귀를 기울였습니다. 이론의 경직된 틀이 서서히 풀리고, 배운 것이 삶의 언어로 다시 번역되는 순간이었습니다.

그 후로 그 학생은 자신의 경험을 구체적으로 이야기하기 시작했습니다. 그의 말은 한 편의 현장 보고서 같았고, 그 안에는 책으로는 배울 수 없는 생생한 삶이 있었습니다. 이야기가 끝난 뒤, 깨달았습니다. '아, 지금 이 교실에서 진짜 배움이 일어나고 있구나.'

그런 대화의 순간마다 늘 배웁니다. 책 속의 문장보다 훨씬 생생한 삶의 사례들이 이론의 모서리를 다듬어 주기 때문입니다. 학생의 경험이 연구의 단초가 되기도 하고, 제가 던진 질문이 학생의 사고를 확장하기도 합니다. 배움은 그렇게 주고받는 교류 속에서 깊어집니다. 지식은 혼자 쌓을 수 있지만, 지혜는 반드시 관계를 통해서만 완성됩니다. 서로의 경험이 이어지고 확장될 때, 교실은 생각이 자라나는 살아 있는 생태계가 됩니다.

2. 가르침과 배움의 경계가 사라지는 강의실

수업이 한창 진행되는데 한 학생이 조심스레 손을 듭니다. "교수님, 도대체 언제까지 공부해야 할까요? 배울 게 너무 많아요." 저는 잠시 말을 잃었습니다. 교수로 살아오며 많은 질문을 받아 왔지만, '배움의 끝'을 묻는 질문은 처음이었습니다.

그동안 저는 학교에서 '가르치는 일'에 집중해 왔습니다. 학생들이 개념을 이해하는지, 과제를 잘 수행하는지, 그것이 제 역할의 전부라고 믿어 왔던 겁니다. 하지만 그 질문은 제 안의 오래된 신념을 부드럽게 흔들어 놓았습니다.

잠시 생각을 정리한 뒤, 천천히 답했습니다. "아마 배움은 멈출 수 없을 겁니다. 저 역시 단 한 번도 '이제 그만 배워야겠다'라는 생각을 해 본 적이 없어요. 배우는 일을 멈추는 순간, 성장의 가능성도 사라지니까요." 학생은 고개를 끄덕이며 미소 지었습니다.

이후 저는 수업을 조금 다르게 바라보게 되었습니다. 교수의 역할은 학생들이 스스로 배우고, 성장하는 법을 알게 하는 사람이라는 것을 깨달았습니다. 그래서 제 수업에는 정답이 없습니다. 대신 질문이 있고, 질문을 붙잡고 각자가 스스로의 답을 찾아 가는 과정이 있습니다. 그 과정을 통해 학생들은 배움의 태도와 사유의 방법을 익혀 갑니다.

학생의 한마디가 제 관점을 완전히 바꾸기도 합니다. "교수님, 그건 이론적으로는 맞지만, 현실에서는 좀 다르게 작동해요." 그 한마디가 저의 지식을 다시 돌아보게 만들고, 스스로의 사고를 유연하게 풀어내는 계기가 되기도 합니다.

그럴 때마다 다시 확신합니다. 가르침은 대화의 형태로 존재해야 한다는 것을. 진정한 교육은 생각이 오가고 마음이 닿는 '순환'의 과정에서 완성되는 법입니다. 저는 그 순환의 한가운데에서 배우며, 가르침의 의미를 새롭게 깨닫고 있습니다.

3. 함께 배우며 성장하는 관계

배움이란 결국 서로의 경험을 나누는 일입니다. 교수는 학생을 통해 현실을 배우고, 학생은 교수를 통해 사유를 배웁니다. 이렇게 이야기가 만나고, 각자의 경험이 이어질 때 그 안에서 새로운 통찰이 태어납니다.

이제 저는 강의실을 '가르치거나 배우는 공간'이라 부르지 않고,

배우고 나누는 '공동의 실험실'이라 여깁니다. 하루하루의 수업이 일종의 실험이자 발견의 과정이기 때문입니다. 학생이 던지는 현실적인 질문 하나가 학문적 이론의 모서리를 다듬어 주고, 제가 제시한 개념 하나가 학생의 경험 속에서 새로운 의미로 재해석됩니다. 이런 순환이 일어날 때, 교실은 사유가 교차하며 살아 움직이는 현장입니다.

그 안에서 교수와 학생은 자연스레 서로의 거울이 됩니다. 학생이 성장할수록 저 역시 성장합니다. 그들의 삶의 언어가 점점 단단해지고, 자신의 이야기를 논리와 감정으로 세워 갈 때마다 이 일을 왜 시작했는지를 다시 깨닫습니다. 그들의 문장 속에 초심이 비치고, 그 초심이 다시 저를 앞으로 나아가게 만듭니다.

가르침과 배움은 하나의 순환 고리입니다. 가르치는 일은 배우는 일의 연장이며, 배우는 일은 또 다른 누군가를 가르칠 수 있는 씨앗이 됩니다. 이 순환이 끊이지 않을 때 배움의 생태계로 확장됩니다. 배우며 가르치고, 가르치며 배우는 일. 그것이야말로 교수자의 존재 이유이며, 인간이 서로에게 배우며 살아가는 가장 아름다운 방식일 겁니다.

책 쓰기 프로젝트에서 학생들이 써 내려간 문장 속에는 제가 그들에게서 전해 받은 삶의 지혜가 고스란히 담겨 있었습니다. 그 진심

어린 문장들은 제 안에서 오래 잠들어 있던 열정을 깨웠습니다. 학생들이 글로 자신을 표현하는 순간마다 저는 연구자로서 새로운 영감을 얻었습니다.

그들의 삶이 하나의 스토리가 되고, 그 스토리가 다시 강의실로 돌아와 또 다른 이야기로 확장되는 순환의 구조, 그것이야말로 살아 있는 교육 과정이라 믿습니다. 지식이 한쪽으로 흘러 사라지는 것이 아니라 사람과 사람 사이를 오가며 서로를 키워 주는 구조, 이번 프로젝트를 통해 제가 몸으로 확인한 교육의 본질입니다.

배움은 언제나 서로에게서 옵니다. 가르침은 서로를 향해 되돌아오는 순환의 원에 가깝습니다. 그리고 그 순환의 중심에는 언제나 사람이 있습니다. 사람이 생각하고, 질문하고, 공감할 때 교육은 비로소 살아 움직입니다.

가르친다는 일은 이제 제게 사람을 이해하는 일이 되었습니다. 학생들의 문장 속에서 세상을 배우고, 학생들의 생각 속에서 제 연구의 방향을 새롭게 찾아 갑니다. 어쩌면 저는 그저, 학생들이 자신의 세계를 언어로 세워 가는 과정을 곁에서 지켜보는 사람일지도 모릅니다.

브랜딩과 교육, 하나의 길

브랜딩과 교육은 서로 다른 세계처럼 보이기도 합니다. 하나는 시장의 언어로, 다른 하나는 사람의 언어로 움직이니까요. 그러나 두 세계는 결국 같은 질문으로 수렴합니다.

"당신은 누구입니까?"

브랜딩은 수많은 경쟁 속에서 '나'를 정의하고, 그 정의를 일관된 언어와 행동으로 증명해 가는 일입니다.

교육 또한 다르지 않습니다. 출발점은 또 하나의 질문—"당신은 어떤 이야기를 하고 싶습니까?"—이고, 가르친다는 일은 학생이 자신의 이야기를 발견하고 스스로의 언어로 서게 돕는 과정입니다. 브랜딩이 브랜드의 정체성을 세우듯, 교육은 사람의 정체성을 세웁니다.

브랜드의 정체성을 세워 가는 과정이 브랜딩이라면, 한 사람이 자신의 존재를 세워 가는 과정이 교육입니다. 좋은 브랜드가 단기간에 만들어지지 않듯, 한 사람의 성장 또한 하루아침에 완성되지 않습니다. 브랜드는 수많은 시행착오 속에서 본질에 대한 질문을 반복하며, 그 답을 찾아 가는 여정 속에서 비로소 '자기다운 얼굴'을 갖게 됩니다.

교육 역시 마찬가지입니다. 배움은 스스로의 경험과 생각을 통해 자기만의 언어와 관점을 세워 가는 과정입니다. 브랜딩이 세상 속에서 브랜드를 세워 가는 일이라면, 교육은 자기 안에서 '나'를 세워 가는 일입니다. 이렇듯 두 길은 모두 존재를 설계하는 과정이며, 그 중심에는 변하지 않는 질문이 있습니다.

"나는 누구인가, 그리고 어떻게 존재할 것인가."

저는 그동안 크고 작은 현장에서 기획자로서 브랜드를 다뤄 왔습니다. 이름을 짓고, 언어를 만들고, 이야기를 설계하는 일을 하며 수없이 같은 질문을 반복했습니다.

"이 브랜드는 왜 존재하는가?"
"사람들은 왜 이 브랜드를 선택해야 하는가?"

그 질문들은 늘 브랜드를 향한 것이었지만, 어느 순간부터 방향이 바뀌기 시작했습니다.

"나는 왜 이 일을 하는가?"
"나는 어떤 이야기를 세상에 남기고 싶은가?"

그 질문이 제 삶의 방향을 바꾸어 놓았습니다. 그때부터 브랜딩은 더 이상 마케팅의 언어가 아니었습니다. 존재를 탐구하는 철학의 언어, 그리고 자신을 이해하는 사유의 도구가 되었습니다.

교수가 된 이후, 저는 같은 질문을 또 다른 방식으로 던지기 시작했습니다. 강의실에서 학생들에게 묻습니다.

"당신은 누구입니까?"
"당신은 어떤 이야기를 하고 싶습니까?"

브랜딩은 '존재의 이유'를 묻고, 교육은 '존재의 방향'을 묻습니다. 하나는 브랜드의 정체성을 세우는 일이고, 다른 하나는 인간의 가능성을 세우는 일입니다. 그러나 본질은 다르지 않습니다. 둘 다 스스로에게로 돌아가는 질문, 그리고 자기 존재를 새롭게 써 내려가는 과정이기 때문입니다. 그래서 브랜딩과 교육이 본질적으로 같은 일이라고 믿습니다. 두 영역은 모두 '존재를 언어로 돕는 일'이라는 점에서 완전히 닮아 있습니다.

브랜딩은 존재의 정체성을 세상과 연결시키는 과정입니다. 그 존재가 어떤 가치로 세상과 대화할지, 어떤 언어로 자신을 증명할지를 찾아 가는 여정이지요. 반면 교육은 그 존재가 스스로의 가능성을 깨닫고, 자신 안의 언어를 발견하도록 돕는 과정입니다. 브랜딩이 '세상을 향한 나'를 만든다면, 교육은 '나를 향한 나'를 만듭니다. 이 두 길은 서로 다른 방향을 향하는 듯 보이지만, 사실은 끊임없이 서로를 비추며 나아갑니다.

브랜딩이 세상을 향한 나의 외연을 확장한다면, 교육은 그 확장의 중심을 단단히 붙잡아 줍니다. 저는 그 두 길이 만나는 교차점, 즉 사람이 자신을 이해하고 세상과 연결되는 지점에서 살아가는 사람입니다. 그곳이 바로 제가 존재하는 이유이자, '브랜딩'과 '교육'을 통해 세상을 바라보는 방식입니다.

기획자, 연구자, 교수, 그리고 브랜드 전문가. 사람들은 저를 그렇게 부릅니다. 처음에는 이 이름들이 서로 다른 세계의 언어처럼 느껴졌습니다. 기획은 현장의 언어이고, 연구는 학문의 언어이며, 교육은 사람의 언어, 브랜딩은 시장의 언어처럼 각기 다른 결을 가지고 있었기 때문입니다. 하지만 시간이 지나며 깨달았습니다. 제가 가진 네 이름은 하나의 축, 바로 '질문' 위에서 만난다는 사실을요.

기획자는 새로운 일을 시작하기 위해 질문하고, 연구자는 진리를 탐구하기 위해 질문하며, 교수는 사유를 열기 위해 질문하고, 브랜드 전문가는 의미를 세우기 위해 질문합니다. 결국 '질문'은 직업적 기술이 아니라, 존재 방식을 정의하는 언어였습니다. 질문은 저에게 새로운 시작의 신호이자, 세상을 이해하고 자신을 확장하게 하는 가장 본질적인 행위였습니다.

가끔 스스로에게 묻습니다. '나는 왜 이 두 세계, 브랜딩과 교육을 동시에 걷고 있을까?' 그 답은 의외로 단순합니다. 브랜딩이 사람으로 하여금 세상과 대화하게 만드는 일이라면, 교육은 그 대화가 자기 자신에게로 되돌아오게 만드는 일이기 때문입니다. 브랜딩은 세상과의 대화이고, 교육은 자신과의 대화입니다. 두 대화가 이어질 때 비로소 한 사람의 언어와 삶이 온전히 연결됩니다.

저는 오늘도 같은 자리에 서 있습니다. 브랜드를 연구하며, 학생을 가르치며, 자신을 끊임없이 다시 배우는 자리입니다. 누군가에게는 그것이 두 개의 길처럼 보일지도 모르지만, 저에게는 분명 하나의 길입니다. 그 길의 이름은 '브랜딩과 교육'이며, 그곳에서 제가 하는 모든 일의 본질은 같습니다. 사람의 이야기를 발견하고 그 이야기를 세워 주는 일입니다.

제가 하는 일의 본질은 하나입니다. 사람 안의 의미를 발견하고, 그 의미가 세상 속에서 스스로의 형태를 갖추도록 돕는 일입니다. 브랜딩이 브랜드의 존재를 세워 세상과 소통하게 만드는 일이라면, 교육은 사람의 존재를 세워 자신과 세상을 이해하도록 이끄는 일입니다.

저는 그 두 세계의 교차점에서 살아가고 있습니다. 한쪽에서는 세상과의 대화를 열고, 다른 한쪽에서는 자기 자신과의 대화를 이어 갑니다. 이 두 대화가 만나는 지점에서 비로소 사람은 자신이 누구인지 이해하게 되고, 그 깨달음이 삶의 방향이 됩니다.

누군가는 저를 기획자라 부르고, 또 누군가는 교수라 부릅니다. 하지만 저는 스스로를 '의미의 설계자Architect of Meaning'라 부르고 싶습니다. 사람 안의 언어를 세상과 연결시키고, 그 언어가 하나의 이야기로, 하나의 철학으로 세워질 수 있도록 돕기 때문입니다.

사람은 자신의 진심을 언어로 바꾸는 과정을 통해 자신을 이해하고, 그 언어를 통해 세상과 소통하면서 자신만의 자리를 찾아 갑니다. 저는 그 여정에 함께하며, 그들이 자신의 이야기를 세워 나가는 과정을 지켜보는 사람입니다. 그것이야말로 제가 두 세계를 함께 걷는 이유이자, 제가 존재하는 이유이기도 합니다.

브랜딩과 교육은 같은 목적지를 향합니다. 하나는 세상 속에서 자신을 세우는 일이고, 다른 하나는 자신 안에서 세상을 이해하는 일입니다. 둘 다 '존재의 언어를 만들어 가는 과정'이며, 그 길 위에서 저는 언제나 같은 마음으로 사람을 바라봅니다. 브랜딩은 사람에게 스스로 말할 용기를 주고, 교육은 그 말에 진정성을 불어넣습니다. 그래서 저는 한 사람의 삶이 언어로 바뀌는 그 순간을 믿습니다. 그 순간은 개인의 내면을 변화시키고, 삶의 방향을 바꾸며, 세상에 울림을 남깁니다.

앞으로도 이 길 위에서 질문하고, 배우고, 사유하며, 사람의 이야기가 세상 속에서 의미로 완성되는 과정을 지켜보고자 합니다. 때로는 가르치고, 때로는 배우며, 그 모든 순간 속에서 여전히 사람을 중심에 두려 합니다. 브랜딩이든 교육이든, 그 본질은 결국 사람을 이해하고 그 사람의 이야기를 세우는 일이기 때문입니다.

훗날 누군가는 저에 대해 이렇게 말해 주면 좋겠습니다.

"그와 함께하면, 누구나 자기 안의 의미를 분명히 마주하게 된다."

이 한 문장으로 저의 길이 설명된다면, 그것으로 충분합니다. 그 문장이 곧 제 브랜드이자, 제 교육이며, 제 삶의 철학이니까요.

❝

당신의
다음 페이지는
어떤
이야기일까요?

❞

지금,
행복을 시작할
당신의 용기를
응원합니다.